国家知识产权局软科学研究项目（项目编号：SS16-C-25）

# 巴基斯坦
# 知识产权制度研究

STUDY ON
**THE INTELLECTUAL**
**PROPERTY SYSTEM**
OF PAKISTAN

路 娜｜汪 燕｜张航琨｜
马清清｜吕梦婷｜曾旖旎｜著

社会科学文献出版社
SOCIAL SCIENCES ACADEMIC PRESS (CHINA)

# 目　录

第一章　巴基斯坦知识产权制度概况 ·············· 2

（一）知识产权立法沿革 ················· 2

（二）知识产权法庭 ················· 5

（三）知识产权管理制度 ················· 16

（四）知识产权行政管理举措 ············· 25

（五）知识产权保护水平 ················· 29


第二章　专利保护制度 ·················· 31

（一）保护要件 ···················· 32

（二）申请与授权 ·················· 40

（三）专利变更 ···················· 60

（四）专利开发 ···················· 63

（五）侵权与诉讼 ·················· 64

**第三章　商标保护制度** ·········· 71

（一）保护要件 ·········· 71

（二）申请与审批 ·········· 81

（三）侵权与诉讼 ·········· 90

**第四章　版权保护制度** ·········· 99

（一）保护要件 ·········· 100

（二）版权注册登记与许可 ·········· 105

（三）国际版权保护 ·········· 111

（四）侵权和诉讼 ·········· 113

（五）评价分析 ·········· 122

**第五章　植物育种者权利保护制度** ·········· 126

（一）保护要件 ·········· 129

（二）申请与审批 ·········· 139

（三）侵权与诉讼 ·········· 144

（四）评价分析 ·········· 146

**第六章　其他类型知识产权保护** ·········· 148

（一）外观设计 ·········· 148

（二）集成电路布图设计 ·········· 159

**参考文献** ·········· 165

巴基斯坦是"一带一路"沿线重要的节点国家，中巴两国经贸关系具有较大发展空间。2015年4月，中巴发表联合声明，两国关系升级为全天候战略合作伙伴关系。双方积极参与中国－南亚科技合作伙伴计划，在多领域开展了技术合作。随着两国经贸关系和技术合作的日益密切，知识产权将成为关系两国合作前景的重要因素。我国知识产权事业快速发展，专利申请量已处于大国地位，与巴基斯坦相比，具有一定的比较优势。但目前，中国与巴基斯坦的经贸合作中，知识产权合作还不多，对外输出的产品中具有自主知识产权的技术产品较少。与此同时，我国企业对巴基斯坦知识产权保护体系和法律法规了解不够，知识产权合作、专利技术转移层次还比较低，不利于加大在巴基斯坦的贸易投资和技术合作。为了帮助我国企业更好地拓展巴基斯坦市场，增加我国对巴基斯坦贸易与投资的总量，对巴基斯坦知识产权保护环境进行深入研究，将有利于我国企业利用当地有效资源保护自主知识产权，优化我国对巴专利布局，为拓展巴基斯坦市场做好知识产权事务的相关准备，并能够通过正当的司法、维权程序以及侵权抗辩技巧等维护自身利益，在对外经济交往中占据先机，赢得主动。

# 第一章

## 巴基斯坦知识产权制度概况

### （一）知识产权立法沿革

最早的巴基斯坦知识产权法的法律框架根植于普通法系，构成这个法律框架的程序法和实体法均来源于英属印度。《版权法》（1911）是第一部进行现代理性化改进的知识产权法，其重要性在于废除了未出版作品中的普通法版权。以单一的代码形式，为众多出版或还未出版的作品提供保护，还保护许多以前不被保护的建筑、录音、影视作品。该法案也放弃了有关手续和注册的所有要求，扩大了侵权行为范围，翻译、改编以及实物形式的复制品也被纳入侵权行为。《版权法》（1914）是第一个适用的次大陆版权法。这些法案一直在巴基斯坦境内沿用，直至《版权法》（1962）的出现才将其替代。为更加适应《与贸易有关的知识产权协定》，《版权法》（1962）在2000年时进行了大幅修改。

在英属印度，商标和产权标记是根据《刑法典》（1860）的相关规定进行审判。1940年颁布的《商标法》提供了完整的商标注册手续和监管制度。巴基斯坦最终用本土化、修订过的《商标法》（2001），巩固了现存法律并且使其符合巴基斯坦的国际义务。专利以及设计仍旧由《专利设计法案》（1911）来监管，这是一部以《英国专利与设计法案》（1907）为基础，为专利申请与专利授权提供依据的综合性法律，同时继承了《发明设计法案》（1888）的内容。

1996年4月，美国与巴基斯坦当局协商，寻求世界贸易组织争端解决机制的保护。美国宣称，巴基斯坦现今的法律不能为制药或农业化学发明提供产品专利保护，也不为符合《与贸易有关的知识产权协定》第70条（8）、第70条（9）的系统提供专利保护，其中包括申请的备案与审查以及专有销售权的授予。因此，巴基斯坦的法律制度似乎与《与贸易有关的知识产权协定》所规定的巴基斯坦的义务不相一致。在磋商过程中，巴基斯坦政府承认本国知识产权法与《与贸易有关的知识产权协定》不具备兼容性，并且承诺将会修改本国的知识产权立法。1997年《专利设计法案》修正案的出台是为了提供邮箱申请工具和建立授予专有销售权的机制。虽然对《专利设计法案》（1911）的修订是在1997年完成的，但即使在1999年后的巴基斯坦，工业业主也断言没有清晰的机制通过"邮箱申请条款"为新的化学制品申请到专有销售权。事实上，有关政府部门并不清楚其在修正案下的义务。一些调查者争论说在巴基斯坦知识产权方面并没有任何改变，因此没能实现对新化学产品的充分保护，也没有授予或申请专有销售权的估算数。2000 年 12 月，巴基斯坦公布了新的《专利法》（2000），产品专利也包含在法律之中，并且专利寿命延展至 20 年。《专利法》（2000）废止了《专利设计法案》（1911），使巴基斯坦专利保护制度符合《与贸易有关的知识产权协定》的要求。

巴基斯坦是世贸组织成员之一，签署了《与贸易有关的知识产权协定》。根据所签署的世贸组织协议，144 个签约方都已经同意接纳某些最低水平的知识产权保护。知识产权贸易相关协议使知识产权保护成了多边贸易的一个组成部分，并且体现在世贸组织的协议之中。《与贸易有关的知识产权协定》被视为世贸组织三大支柱之一，隶属于世贸组织的争端解决机制。《与贸易有关的知识产权协定》就知识产权内容的主要方面，规定了每个成员应提供最低保护标准。《与贸易有关的知识产权协定》的基本原则类似于《关税贸易总协定》和《服务业贸易总协定》，是一个非歧视、国民待遇理论化、最惠国待遇概念化的协定。协议规定的义务适用于所有成员，但是发展中国家在这个阶段会花费更长的时间。所有成员根据《与贸易有关的知识产权协定》，按《保护工业产权巴黎公约》（专利、工业设计）和《保护文学和艺术作品伯尔尼公约》（版权）确立的标准来确定知识产权以及相关维权行为。如上所述，《与贸易有关的知识产权协定》第三部分中的强制性条款旨在使一国国内的有关知识产权的程序和补救措施按照其他成员国内法相关条例进行标准化。这部分包含某些适用于知识产权强制条例的原则，例如关于民事和行政程序与补救措施的具体规定，以及有关边境措施和刑事诉讼程序的特殊规定。相应的，巴基斯坦重新修订

了知识产权制度的法定文书，并于 2000 年修订了《版权法》
（1962），使其符合《与贸易有关的知识产权协定》，并颁布了新
《专利法》（2000）和《商标法》（2001）。

　　巴基斯坦符合《与贸易有关的知识产权协定》的知识产权
立法有：《专利法》（2000）、《外观设计法》（2000）、《集成电
路布图设计法》（2000）、《版权法》（1962）（2000 年修订）、
《商标法》（2001）、《植物育种者权法》（2016）。

表 1-1　巴基斯坦加入国际知识产权条约情况

| 序号 | 国际知识产权条约名称 | 加入时间 |
| --- | --- | --- |
| 1 | 保护文学和艺术作品伯尔尼公约 | 1969 年 |
| 2 | 世界知识产权组织公约 | 1977 年 |
| 3 | 与贸易有关的知识产权协定 | 1995 年 |
| 4 | 保护工业产权巴黎公约 | 2004 年 |
| 5 | 世界版权公约 | 2004 年 |

## （二）知识产权法庭

　　2015 年 10 月 1 日，巴基斯坦知识产权组织确认通过了巴基
斯坦联邦政府任命的由《巴基斯坦知识产权组织法》（2012）
（*Intellectual Property Organization of Pakistan Act*，2012）授权成
立的三家知识产权法院的首席官员。这是一个让人期待已久的
促进巴基斯坦知识产权发展的举措，也证明了巴基斯坦官方的
实用主义立场。

　　为知识产权诉讼专门设立的法院会给巴基斯坦相关机构与

人员带来可观的实际利益，这些利益包括：达成更高质量的意见，实现法院审判规程的一致性，提高一审案件的效率，加快处理速度，加强诉讼过程中的确定性和预期结果，通过政府将知识产权列为重点保护对象来提高知识产权在国内的地位，从而吸引更多的外商投资。

**1. 知识产权法庭审理案件的依据**

根据《巴基斯坦知识产权组织法》（2012），首先，所有的诉讼或者其他民事案件，凡涉及侵犯知识产权法的，都应在知识产权法庭提起诉讼和审判。其次，在审判任何违反知识产权法案的犯罪行为时，知识产权法庭还应该拥有独立的司法管辖权，而且应根据知识产权法案进行审判，这些法案包括：《商标法》（2001）、《版权法》（1962）、《专利法》（2000）、《外观设计法》（2000）、《集成电路布图设计法》（2000）、《刑法典》（1860）第 478、479、480、481、482、483、485、486、487、488、489 部分。

**2. 知识产权法中属于知识产权法庭原始管辖权下的内容与条款**

（1）与商标权和不平等竞争有关的民事索赔。《巴基斯坦知识产权组织法案》（2012）明确将《商标法》（2001）列入知识产权法案中。因此，一些以前属于地方法院或者高等法院的法律职能，现在变成知识产权法庭的司法管辖职能。

相应的，下面所提到的有关商标权和针对不平等竞争的条款现在将由知识产权法庭受理：

——根据《商标法》（2001）的第 46 条（1）和 117 条来判

定商标所有者的损失、侵害排除，以及该商标的侵权金额并进行索赔。

——根据《商标法》（2001）第 47 条提出的申请，旨在寻求针对侵权者（或者其他具体的人）的条令来取消、移除或者彻底除去涉及侵犯商品、材料或者物品的任何违规商标；或者确保侵权物品、材料或者物品的销毁（违规商标被取消、移除或者彻底除去是不符合实际的）。

——根据《商标法》（2001）第 48 条（1）提出的申请，旨在寻求将侵权赃物、材料或者物品交付给注册商标所有者的条令。

——根据《商标法》（2001）第 51 条提出的申请，旨在寻求将侵权物品、材料或者物品交给知识产权法院认为合适的人来进行销毁与没收。

——根据第 57 条和 60 条要求索赔，注册商标所有者可以禁止由重要的侵权产品造成的侵权行为。

——根据《商标法》（2001）第 67 条禁止不平等竞争。

——根据《商标法》（2001）第 68 条禁止投放会对群众造成误导的广告或者相当于广告的东西。

——根据《商标法》（2001）第 73 条提出的申请，在知识产权法庭审理相关商标之前，该注册商标已经被撤销的。

——根据《商标法》（2001）第 80 条提出的申请，旨在寻求关于注册商标有效性的声明。

——根据《商标法》（2001）第 96 条提出的申请，旨在修改登记。

——根据《商标法》（2001）第 114 条提出的上诉，旨在反对注册局的决定。

——根据《商标法》（2001）附录1中第12条，集体商标的所有者可以反对该集体商标的侵权行为并要求赔偿。

（2）与商标权相关的违法行为。《巴基斯坦知识产权组织法》（2012）将《刑法典》（1860）中的一些条款进行了选择性的收录。因此，一些以前属于地方法官的法律职能现在属于知识产权法院。相应的，以下涉及违反商标权的违法行为将交由知识产权法庭审理：

——涉及《刑法典》（1860）第480条的违法行为，例如使用假商标。

——涉及《刑法典》（1860）第481条的违法行为，例如使用假产权号印。

——涉及《刑法典》（1860）第483条的违法行为，例如伪造商标和产权号印。

——涉及《刑法典》（1860）第485条的违法行为，例如制造或者拥有伪造商标或者产权号印的工具。

——涉及《刑法典》（1860）第486条的违法行为，例如售卖使用伪造商标或者产权号印的产品。

——涉及《刑法典》（1860）第487条的违法行为，例如制作可以盛货物的容器的假商标。

——涉及《刑法典》（1860）第488条的违法行为，例如使用可以盛货物的容器的假商标。

——涉及《刑法典》（1860）第489条的违法行为，例如蓄意破坏意图篡改产权号印。

知识产权法庭还拥有《商标法》（2001）第 99、102、105、107 条所赋予的司法管辖权。例如，处理涉嫌犯罪的投诉和向被侵权商标的所有者给予赔偿。

（3）与版权相关的民事索赔。根据《巴基斯坦知识产权组织法》（2012），明确将《版权法》（1962）列入知识产权法中。因此，一些曾经属于地方法院、州法院和高等法院的司法管辖权将交由知识产权法庭。相应的，由以下原因引起的侵犯版权的案件将由知识产权法庭审理：

——版权所有者可以根据《版权法》（1962）第 60 条和第 65 条，对被侵权的作品造成的损害、侵害、利益损失要求索赔。

——版权所有者可以根据《版权法》（1962）第 60 条 A 项内容，针对侵权行为采取特别补救措施。

——根据《版权法》（1962）第 77 条，对版权委员会的决议提出上诉。

（4）与版权有关的犯罪行为。知识产权法庭还拥有《版权法》（1962）第 51、72、73、74（A）条赋予的司法管辖权，有权处理涉嫌犯罪的投诉、版权侵权案件，例如，对于制作与特定犯罪有关的侵权复制品的录音设备的行为，对版权所有者进行赔偿，以及一旦利害关系人提出申请就要将这些版权进行秩序恢复。

（5）涉及专利权的民事索赔。根据《巴基斯坦知识产权组织法》（2012），明确将《专利法》（2000）列入知识产权法案。因此，一些以前属于州法院或者高等法院的司法管辖权交由知识产权法庭处置。相应的，由以下原因引起的侵犯专利权的案件将由知识产权法庭审理：

——根据《专利法》（2000）第43条提出的申请，在撤销索赔悬而未决时，针对完整说明书的修订。

——根据《专利法》（2000）第46条提出撤销专利。

——根据《专利法》（2000）第56条提出修改注册登记。

——根据《专利法》（2000）第58条（12）提出反对联邦政府决定的上诉。

——注册专利所有者可以对该专利由于侵权造成的损失、侵害排除以及损失利益，按照《专利法》（2000）第60、61条进行索赔。

——根据《专利法》（2000）第69条提出反对注册管理局或者联邦政府决定的上诉。

（6）有关外观设计权的民事索赔。根据《巴基斯坦知识产权组织法》（2012）明确将《外观设计法》（2000）列入知识产权法之中。因此，以前属于高等法院司法管辖权的法律职能将转交给知识产权法庭。相应的，由以下原因造成的设计权案件将由知识产权法庭审理：

——根据《外观设计法》（2000）第5条（6）提出的上

诉，旨在反对专利设计局或者登记员给出的决定。

——外观设计权的所有者可以根据《外观设计法》（2000）第8条（1）向对其设计造成损害、侵害的任何人提出索赔。

——根据《外观设计法》（2000）第10条（1）提出的请求，旨在取消已经注册的设计（注册后任何时间都可以提出该请求）。

——根据《外观设计法》（2000）第10条（2）提出的上诉，旨在反对专利设计局或者登记员做出的注销已经注册的外观设计的决定（如果该诉求是在设计被注册后两年内提出的）。

——根据《外观设计法》（2000）第16条（1）提出的申请，旨在修正注册。

（7）有关注册集成电路布图设计权的民事索赔。根据《巴基斯坦知识产权组织法》（2012），已经明确将《集成电路布图设计法》（2000）列入知识产权法之中。因此一些以前属于州法院或者高等法院司法管辖权的法律职能将转交给知识产权法庭。相应的，由以下原因造成的集成电路布图设计侵权案件将交由知识产权法庭审理：

——根据《集成电路布图设计法》（2000）第13条提出的申请，旨在取消已经注册的集成电路设计。

——集成电路布图设计的拥有者或者持证人可以根据《集成电路布图设计法》（2000）第16条，向对其注册的集成电路设计造成损害、侵害行为的任何人提出索赔。

——根据《集成电路布图设计法》（2000）第 19 条（2）提出的上诉，旨在反对联邦政府给出的决定。

——根据《集成电路布图设计法》（2000）第 19 条（2）提出的上诉，旨在反对专利管理局给出的决定。

然而，必须指出：根据《集成电路布图设计法》（2000）第 19 条（1），高等法院的上诉管辖权将不会受到影响，因为知识产权法庭现在本身也可以根据该条款向高等法院提出上诉。

（8）与注册集成电路布图设计有关的罪行。知识产权法庭也将具有《集成电路布图设计法》（2000）第 16 条（1）的管辖权，对涉嫌犯罪的投诉进行审理；并根据《集成电路布图设计法》（2000）第 16 条（2），可以命令扣押、没收和销毁在特定罪行中主要使用的集成电路、物品、材料或是补充物。

**3. 知识产权法庭可以作为民事法庭审判的其他依据**

知识产权法庭根据《巴基斯坦知识产权组织法》（2012）行使民事管辖权，并且拥有《民事诉讼法典》（1908）赋予民事法庭的权利。

（1）涉及《具体救济法》（1877）的民事索赔。知识产权法庭根据《具体救济法》（1877）第 54 条赋予知识产权审理侵权案件的司法管辖权，为民事法庭对侵害或威胁侵害他人商标权发布永久禁令的实例做准备。

（2）与习惯法侵权终止有关的民事索赔。根据《商标法》（2001）第 46 条（2），除法律明确规定的补救措施外，知识产权法庭拥有审理习惯法侵权终止案件的司法管辖权，这可以被视为可选的一种补救措施。

（3）与破坏信用旳习惯法侵权相关的民事索赔。知识产权法庭拥有审理破坏信用的习惯法侵权案件的司法管辖权。

**4. 知识产权法庭可以作为刑事法庭进行诉讼处理的其他依据**

根据《巴基斯坦知识产权组织法》（2012），知识产权法庭享有刑事案件审理的司法管辖权，为了达成此目的，知识产权法庭拥有与《刑事诉讼法典》（1898）赋予地方刑事法庭的一样的权利。

这主要是指除了《刑法典》（1860）中所述的明确的犯罪行为外，知识产权法庭还可以审理常规和有能力的地方刑事法庭所能审理的所有案件，无论审理依据是否来自《刑法典》（1860）或者其他法律。

**5. 知识产权法庭不能审理的内容**

（1）扩展到部落地区的法律。历史上，巴基斯坦境内的部分地区被指定为部落地区，部落被允许以部族传统和习俗为依据解决自己的争端。然而，巴基斯坦政府保留了定期向部落地区推广其选定的联邦和省级法规的权力。很显然，不是所有的巴基斯坦联邦和省级法规在部落地区都可以生效。在联邦监管下的被称为联邦直辖部落地区，而在省级监管下的被称为省级直辖部落地区。

重点是要注意，《巴基斯坦知识产权组织法》（2012）并没有将扩展到部落地区的法律界定进知识产权法中。

此外，《巴基斯坦知识产权组织法》（2012）并没有明确指出一些法律下的违法行为交由知识产权法庭独立审理，要求对这些法律严格审查以确定为什么它们被排除在知识产权法庭司法管辖权之外。

巴基斯坦现行的知识产权法律并未扩展到联邦直辖部落地区以及省级直辖部落地区，因此以下所提到的以前的法律仍旧在联邦直辖部落地区以及省级直辖部落地区生效，且不属于知识产权法庭司法管辖权范围内。

（2）与《商标法》（1940）相关的民事索赔

依据《部落地区规定（准则申请）》（1965），《商标法》（1940）已经被扩展到联邦直辖部落地区以及省级直辖部落地区。根据《商标法》（1940）第21条，维护注册商标所有者在以下情形出现时享有侵权索赔的权利：未经授权使用同等标识，未经授权使用一个会对他人产生欺骗或误导的标识，或者容易导致注册商标与侵权商标的引用连接。

**6. 向知识产权法庭移交悬而未决的知识产权案件以及上诉**

根据《巴基斯坦知识产权组织法》（2012）的规定，所有涉及知识产权法律的案件和尚未裁决的诉讼都将被移交给知识产权法庭进行听证和裁决。移交的诉讼案件的所有相关方都应在之前确认的日期出庭。关于移交给知识产权法庭的诉讼，知识产权法庭应当在诉讼抵达后即刻审判。知识产权法庭不一定需要召回或者再审任何证人，可以直接采用诉讼移交前所在法庭记录或者整理的证据。此外，根据《巴基斯坦知识产权组织法》（2012）的规定，除知识产权法庭外其他法庭不拥有或者不能行使《巴基斯坦知识产权组织法》（2012）赋予知识产权法庭对于相关案件所扩展的司法管辖权。

任何人对知识产权法庭根据《巴基斯坦知识产权组织法》

（2012）所做最终判决或命令不满的，可以在最终判决或命令下达的三十天内向对知识产权法庭拥有管辖权的高等法院提出上诉。

**7. 知识产权法庭的权利和组成**

（1）知识产权法庭权利

根据《巴基斯坦知识产权组织法》（2012），知识产权法庭享有民事管辖权，且拥有与《民事诉讼法典》（1908）赋予民事法庭的相同的权利。此外，知识产权法庭应当按照《巴基斯坦知识产权组织法》（2012）的规定，行使自己的刑事管辖权，审理相关案件。为了达到此目的，知识产权法庭拥有《刑事诉讼法典》（1898）赋予地方刑事法庭的相同的权利。根据《巴基斯坦知识产权组织法》（2012），知识产权法庭在审理关于未被《巴基斯坦知识产权组织法》（2012）收录在册的诉讼时，应当根据《民事诉讼法典》（1908）或者《刑事诉讼法典》（1898）审理。此外，在知识产权法庭审理所有诉讼前，都应当按照《刑法典》（1860）的司法程序进行操作。根据《巴基斯坦知识产权组织法》（2012），被告人的罪行应当在知识产权法庭进行裁决和审判。法官每天都应当听取案件并且在九十天内予以处理。

（2）知识产权法庭审判长和专家。根据《巴基斯坦知识产权组织法》（2012），联邦政府可以通过《官方公报》进行通知；根据《巴基斯坦知识产权组织法》（2012）要求设立其认为必要的多个法庭，并且为每个这种知识产权法庭任命一名审判官。

此外，知识产权法庭的审判官员是经征求高等法院首席法官的意见，根据知识产权法庭的建立而推选的，并由联邦政府予以任命，只有满足以下条件的人可以胜任该职位：已经是高等法院法官；是或者已经是地区庭审法官；有资格被任命为高等法院法官。

根据《巴基斯坦知识产权组织法》（2012），如果满足要求，知识产权法庭可以让技术方面有经验的专家协助解决任何涉及知识产权的案件。关于专家的报酬方面，知识产权法庭会根据每个案件的具体情况来决定给一方或者多方支付相同的酬劳。

## （三）知识产权管理制度

巴基斯坦政府认为在全球化经济低迷的时期，知识产权在竞争型经济中至关重要。政府还认为：可持续的经济增长主要取决于国家的高科技研究与发展基地，以及经济中创新和创造力的有效知识投入。知识产权是创新和财富创造的动力认知，在巴基斯坦得到了快速发展。基于这些考虑，巴基斯坦在知识产权方面通过改造旧时代的分散式知识产权管理完成了现在的主流化发展，建立了新的机构——巴基斯坦知识产权组织，来对知识产权进行综合管理。政府决定建立一个核心组织来解决曾经阻碍本国知识产权有效管理的制度缺陷问题。

### 1. 2005 年以前的知识产权管理状况

2005 年之前，巴基斯坦知识产权的管理处于分散状态，专利、商标、版权分属于工业、商务、教育部门（见表 1-2）。

**表 1-2　2005 年以前巴基斯坦知识产权管理状况**

| 序号 | 注册处 | 成立时间 | 监管部门 |
|------|--------|----------|----------|
| 1 | 专利设计局（卡拉奇） | 1948 年 | 工业部（伊斯兰堡） |
| 2 | 商标局（卡拉奇） | 1948 年 | 商务部（伊斯兰堡） |
| 3 | 版权局（卡拉奇） | 1963 年 | 教育部（伊斯兰堡） |

### 2. 巴基斯坦知识产权组织

在废除了旧时三个不同部门分散管理的知识产权状态后，2005 年 4 月 8 日建立的巴基斯坦知识产权组织使知识产权综合管理在巴基斯坦成为主流，商标局、版权局、专利设计局在统一、综合的管理模式下成为新知识产权组织的一部分。初建时巴基斯坦知识产权组织是一个自治机构，由巴基斯坦内阁部门在本国进行综合、高效的知识产权管理，由巴基斯坦总理进行监管，私营部门有效参与巴基斯坦知识产权局的管理。巴基斯坦知识产权组织总干事的地位升格为巴基斯坦民政局最高水平的联邦秘书级别，成立一个政策委员会来监督巴基斯坦知识产权组织。2016 年 7 月 25 日，巴基斯坦知识产权组织的行政管理权由内阁转到商务部。

（1）治理结构。巴基斯坦知识产权组织是联邦政府的一个自治组织，成立于 2005 年 4 月 8 日，如今在商务部的行政管理下开展工作。组织管理放在公私合作的政策委员会下，成员中 5 名来自公共部门，5 名来自联邦政府任命的私营部门，4 名来自地方省份。巴基斯坦知识产权组织的主席是巴基斯坦知识产权组织政策委员会的主席。总干事是巴基斯坦知识产权组织的专

表1-3 巴基斯坦知识产权组织联系信息

| 机构 | 巴基斯坦知识产权组织总部 | 版权办公室 | 工业产权办公室 | 专利与设计办公室 | 商标办公室（含服务标志和地理标志） | 地区办事处 |
|---|---|---|---|---|---|---|
| 网址 | http：//www.ipo.gov.pk | http：//www.ipo.gov.pk | http：//www.ipo.gov.pk | http：//www.ipo.gov.pk | http：//www.ipo.gov.pk | http：//www.ipo.gov.pk |
| 地址 | 伊斯兰堡阿塔图尔克大道（西）G-6/3区87号大街23号大楼 | 卡拉奇（753000）高尔杉·伊克巴尔区14KDA市政中心背后新厂播大楼（一楼）片区# ST 1&2 | 伊斯兰堡阿塔图尔克大道（东）区 G-5/2 区 NTC-HQs大楼三层 | 卡拉奇（753000）高尔杉·伊克巴尔区14KDA市政中心背后新厂播大楼（一楼）片区#ST 1&2 | 卡拉奇（753000）高尔杉·伊克巴尔区14KDA市政中心背后新厂播大楼（一楼）片区#ST 1&2 | 拉合尔加尔伯格III·莎哈拉伊玛目·侯赛因（A, S）E-1区15号大楼 |
| 联系方式 | 电话：92-51-920-85812 ext 114 传真：92-51-920-8157 邮箱：humaira.shakeel@ipo.gov.pk | 电话：92-21-99230140 传真：92-21-99230140 邮箱：copyright@ipo.gov.pk | 电话：92-51-92458-30, 92-51-9245831 传真：92-51-9245874 邮箱：info@ipo.gov.pk, dg@ipo.gov.pk | 电话：92-21-9915488 传真：92-21-9915489 邮箱：patent@ipo.gov.pk | 电话：92-21-99230538 传真：92-21-99231001 邮箱：tmr@ipo.gov.pk | 电话：92-42-99231983-106, 108, 110, 111 传真：042-99231984 邮箱：lahore@ipo.gov.pk |

续表

| 机构 | 巴基斯坦知识产权组织总部 | 版权办公室 | 工业产权办公室 | 专利与设计办公室 | 商标办公室（含服务标志和地理标志） | 地区办事处 |
|---|---|---|---|---|---|---|
| 工作人员 | | 版权注册员：穆罕默德·卡扎菲·林德先生 | 主席：沙希德·拉希德先生 总干事：穆罕默德·伊尔凡·达拉先生 | 专利管理人：穆罕默德·法亚兹·艾哈迈德泽先生 | 商标注册员：阿夫塔·穆罕默德·汀东牛 | 注册主任：穆罕默德拉菲克先生 专利审查员：沙卡拉卡·诗蒂卡女士 |
| 管理部门 | 巴基斯坦知识产权组织 | 巴基斯坦知识产权组织 | 巴基斯坦知识产权组织 | 巴基斯坦知识产权组织 | 巴基斯坦知识产权组织 | 巴基斯坦知识产权组织 |

责主管人员，行使政策委员会秘书的职责。因此，巴基斯坦政府将最优秀的人力资源投入巴基斯坦知识产权组织的治理结构中，使其成为一个充满生机与活力的组织。

（2）功能与角色。巴基斯坦知识产权组织的使命是"整合和改善知识产权基础设施以提高知识产权服务水平；提高公众意识、强化执法协调以实现知识产权立国的目标"。巴基斯坦知识产权组织的功能主要是保护知识产权、与政府各项制度进行协调管理，管理本国所有的知识产权办公室，营造知识产权保护环境，为巴基斯坦联邦政府提供知识产权政策，确保指定的知识产权执法代理机构（如警局、巴基斯坦联邦调查局和巴基斯坦海关等）的执法高效性。

知识产权执法协调是该组织的重要职能。知识产权执法已经在政策层面、监督层面和业务层面进行了细致的规划。在执行层面，执法协调委员会已经有组织地实施了执法协调，其中包括伊斯兰堡、卡拉奇和拉合尔的执法链条中所有的机构。执法协调委员会的成员有巴基斯坦知识产权组织、联邦调查局、巴基斯坦海关、法律部门和巴基斯坦电子媒体监督管理机构。按照世贸组织特殊和差别待遇原则的自上而下的渐进性与选择性办法，在巴基斯坦的卡拉奇、拉合尔和伊斯兰堡等发达地区优先实施知识产权，欠发达地区稍后跟上。选择的方法是从供应方控制与需求方控制两个方面着手。这些执法代理机构正通过加强、持续不懈的执法行为来打击假冒盗版活动，解决知识产权犯罪方面的问题。巴基斯坦知识产权组织作为需求方在公共宣传计划下，正在加强实施大众知识产权意识项目。国家信息技术部正在为能够嵌入合法商业软件提供一种负担得起的公开资源解决方案。

　　巴基斯坦知识产权执法模式由公众意识、偿付能力、警察突击、法院定罪四个关键部分组成。巴基斯坦知识产权组织的初步行动不仅与执法链中的所有机构建立了联系，还让私营调查机构参与知识产权犯罪的侦查。这一举措正在迅速发挥其协同作用，盗版和假冒行为的市场空间已经开始缩小，执法力度不断加大，知识产权意识日益加深。

表 1-4　巴基斯坦知识产权组织的反盗版、反假冒中心信息

| 序号 | 姓名 | 职务 | 办公地址 |
| --- | --- | --- | --- |
| 1 | 穆罕默德·伊斯梅尔 | 副局长 | 巴基斯坦知识产权组织总部：伊斯兰堡阿塔图尔克大道（东）G-5/2 区 NTC-HQs 大楼三层<br>电话：051-9245892<br>传真：051-9245874<br>邮箱：muhammad. ismail@ ipo. gov. pk |
| 2 | 赛义德·纳斯鲁拉 | 副局长 | 商标局：卡拉奇高尔杉·伊克巴尔街区 14KDA 市政中心背后新广播大楼（一楼）片区#ST 1&2<br>电话：92-21-99230538<br>传真：92-21-99231001<br>邮箱：syed. nasrullah@ ipo. gov. pk |
| 3 | 赛义德·安于姆·拉扎·布哈里 | 局长助理 | 巴基斯坦知识产权组织地区办事处：拉哈尔加尔伯格Ⅲ·莎哈拉伊玛目·侯赛因（A，S）E-1 区 15 号大楼<br>电话：042-99231981<br>传真：042-99231984<br>邮箱：lahore@ ipo. gov. pk |

巴基斯坦联邦调查局成立了一个在知识产权组织管辖下的独立理事会来处理版权侵权问题。巴基斯坦海关建立了一个功能完善的总部来负责境内知识产权执法。巴基斯坦知识产权组织与这些机构有着紧密的合作。

2005 年 1 月 21 日在巴基斯坦知识产权组织办公室建立了反盗版、反假冒中心。提名官员协助各执法部门解决知识产权权利所有者的投诉。

巴基斯坦知识产权组织地区办事处设在拉合尔，为方便客户办理知识产权业务开展了以下服务：设立知识产权申请接待窗口，接受专利申请和与申请相关的备案请求、专利检索请求、商标申请及与之相关的申请请求、商标检索请求、工业设计申请和与之相关的申请请求、工业设计检索请求、版权申请和与之相关的申请请求，发布商标、专利、工业设计、版权申请的注册申请号与回单，申请商标与专利的知识产权考试，提供由办公室或申请人自行操作的注册商标检索设施。

（3）政策委员会构成

巴基斯坦知识产权组织的管理机构是政策委员会，由 1 位主席和来自公共与私营部门的 14 位成员构成。组织的总干事是政策委员会的秘书。委员会组成如下。

委员会主席：巴基斯坦知识产权组织主席。

委员会秘书：巴基斯坦知识产权组织总干事。

当然委员：巴基斯坦联邦政府内阁秘书、巴基斯坦联邦政府内政部秘书、巴基斯坦联邦政府商务部秘书、巴基斯坦联邦政府信息广播与国家遗产部秘书、联邦税务局主席。

成员：工商联合会海外投资部董事长、巴基斯坦工商联合会董事长、伊斯兰堡工商联合会知识产权委员会主席、巴基斯坦制药协会的世界贸易组织/专利/商标委员会主席、巴基斯坦美国商业理事会理事长、旁遮普省代表、信德省代表、开伯尔-普赫图赫瓦省代表、俾路支斯坦省代表（详见图1-1）。

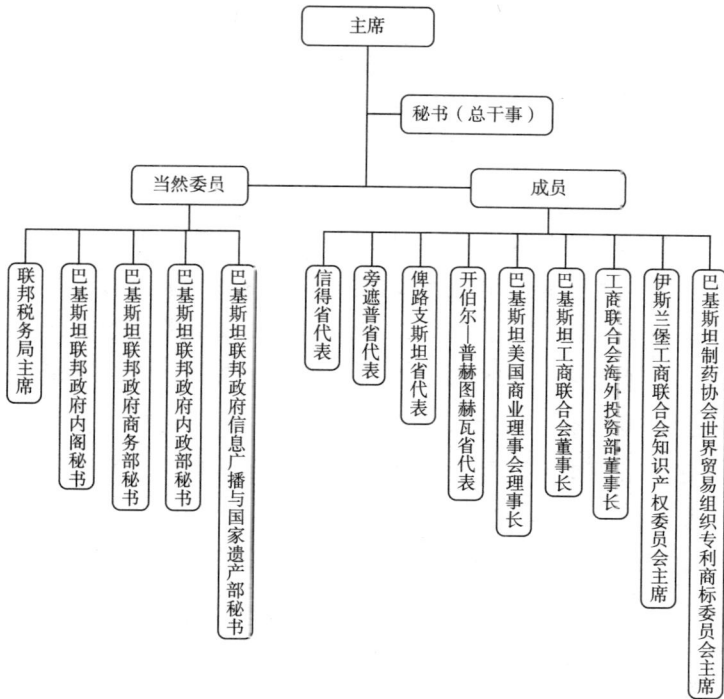

图1-1　巴基斯坦知识产权组织政策委员会组织架构

### 3. 与知识产权相关的其他机构

巴基斯坦民族传统遗产国家研究所。该所的性质是一个法人团体，总部位于伊斯兰堡，联邦政府有对其发布指令的权利。其职能与权力如下：主要从事系统性收集、文件制作、科学维护预估、宣传口述传统、民俗学以及其他的土著文化遗产研究与保护；旨在培养与加强巴基斯坦文化根基，实现关于重新发现、重新诠释巴基斯坦真实状况的基本目标；建立文化综合体和以展览生活艺术品、手工艺术品、文物和来自巴基斯坦各个区域的稀有物品为目的的博物馆；建立文化产业，例如手工艺品等艺术展览、工匠村、组织举办节日盛典；增加广大市民的知识、促进文化遗产和文化产业的发展；从事研究、调研、调查，收集数据来制定可行的计划报告；为员工提供培训与技术支持，包括参加非政府组织和社区组织（若该组织领导层认为合适，可以在巴基斯坦或者其他国家购买现有服务与出版物）、举行研习会与研讨会、参与培训课程以及获取奖学金；增加人们对于土著文化各个不同侧面的认知、理解与实践，并通过使用现代媒体技术，设计出使土著文化得以广泛传播的路径与方法；建立精英中心，激活现存机构，建立新机构，打造互惠互利的私立与公立部门伙伴关系；制定和实施其他能促进巴基斯坦文化遗产发展的计划和方案；突出文化遗产在经济改革、投资、产业、教育、文学、扶贫、人权、人类发展等问题上所起的作用；制定和实施提高员工福利的计划方案；执行任何必要或者有益于促进研究所目标实现的相关计划。

公立大学。巴基斯坦有关知识产权的综合性政策可以在两所公立大学数据库中查到，它们是巴基斯坦国家科技大学和巴基斯坦费萨拉巴德农业大学。

中介机构。阿里合伙人公司在巴基斯坦是有较大影响力的知识产权中介机构。1972 年，塔里布·阿里沙哈先生（Talib Ali Shah，已故）被中国国际贸易促进委员会邀请到北京，协助国内知识产权事业的发展，在阿里先生的建议下我国将 74 个商标分类删减至 34 个。那个时代见证了知识产权服务行业的重组，泽米尔·阿福甘尼斯坦（Jamil Afghanistani）领导的巴基斯坦一流的知识产权检索和调查公司与阿里协会合并。之后，媒体与信息技术专家阿里·卡博尔思汗（Ali Kabir Shah）先生、全球知名品牌战略家默汉丁·阿德尼（Mohiuddin Adeni）先生的加入使该公司得到了进一步的提升。阿里公司实现了蓬勃发展并且增强了在知识产权、复杂诉讼、企业法和商业法方面的能力。公司成功游说了政府，将知识产权法作为巴基斯坦大学的核心课题。公司把国际认证引入巴基斯坦专利律师中；主要合伙人是亚洲专利律师协会巴基斯坦区的创始主席，同时担任亚洲专利律师协会的国际副总裁。阿里合伙人公司的诉讼小组代表客户方在巴基斯坦最高法院和高等法院中参与处理了几个具有里程碑意义的案件。现今公司积极参与巴基斯坦实施《与贸易有关的知识产权协定》，并通过设立喀布尔办事处，成为阿富汗知识产权保护的先锋。

## （四）知识产权行政管理举措

巴基斯坦知识产权组织自 2005 年 4 月成立以来，发布了一系列具有组织性、行政性和功能性的举措来升级机构的基础设施，设计一个精益的服务结构，提供有吸引力的薪资待遇，为巴基斯坦知识产权管理的改革、重建、重组提供必要的能力建设机会。

### 1. 整合知识产权管理

巴基斯坦知识产权组织迅速发展，使其可以主导知识产权的综合管理，包括对专利、工业品外观设计、商标、服务标志、集成电路布图设计（测绘图）、地理标志和版权的管理。巴基斯坦也是世界上 14 个具有正规版权登记处的国家之一。此外，巴基斯坦知识产权管理和知识产权执法的功能也得到了有效的整合。政府还决定将植物育种者权利的管理交由新组织——巴基斯坦知识产权组织——进行管理。现在巴基斯坦知识产权组织在国家和国际层面得到了越来越多的承认和赞赏，其运作也成为发展中国家知识产权综合管理的主导模式。2007 年 7 月在达尔贝达举行的伊斯兰会议组织成员国的知识产权局专家委员会上，采用了巴基斯坦知识产权综合管理模式。

### 2. 重建知识产权注册局

现有的知识产权注册局的编制和管理需要进行广泛的改革和重组。巴基斯坦知识产权组织在伊斯兰堡的总部也按照现代化模式进行了重建。知识产权注册局及其区域办事处也随着全球化的趋势进行了改革和重组。其通过大规模的能力建设项目将人力资源提升到了一定水平，实现了更高水准的专业化，并在复杂且有竞争力的状态下运行这个新组织。

这需要大量的能力建设、愿景、远见卓识和耐心。巴基斯坦政府对实现这一目标有着充足的政治意愿、坚定的行政举措和财政支持。然而，缺乏专门知识和能力构成了巴基斯坦知识产权组织最严峻的挑战。一些知识产权友好型国家和组织正在帮助巴基斯坦知识产权组织提高管理技能、增加专业知识，改革机构基础设施，重组行政机构。

### 3. 业务流程自动化

自动化对加快知识产权注册局向服务机构转变至关重要。通过业务流程重组（BPR）、标准操作程序（SOP）制定，核心人员的自动化水平和能力建设构成了以提高服务质量与水平为目标的知识产权组织的基础。商标注册局数据自动化更新已经完成。在巴基斯坦电子政务理事会（EGD）和日内瓦的世界知识产权组织（WIPO）的帮助下，巴基斯坦专利注册局也开始实施专利数据库的自动化，最开始计划将版权注册从手动模式转化为自动化模式，最终目的是在最短时间内实现巴基斯坦知识产权的线上管理。电子政务理事会正在为巴基斯坦知识产权组织制订一套完整的自动化计划。

### 4. 提高知识产权保护的公众意识

为了提高公众意识，巴基斯坦知识产权组织已经启动了一个公共外展计划，用以连接和扩充其内外部赞助者，例如商会、工厂、企业、科研机构、大学、学术界和普通公众。《世界贸易评论》是一份专门报道世贸组织新闻的双周刊报纸。这份报纸也定期发布知识产权新闻。卡拉奇的防假冒侵权论坛（ACIF）定期出版反假冒盗版的期刊《誓言》。

### 5. 执法协调

从逻辑构成上来讲，执法协调存在于政策层面、监督层面和操作层面。在操作层面，执法协调已经通过区域执法协调委员会进行了制度化转变，其中包括伊斯兰堡、卡拉奇、拉合尔所有的执法链中的机构。其成员包括巴基斯坦知识产权组织、中央情报局、法律部、巴基斯坦电子媒体监管局。目前私人调查机构和公民警察联络委员会已经存在于主要城市地区，并被特别邀请进入执法循环系统。执法链条中的机构包括地区警察、联邦调查局、海关、巴基斯坦电子媒体监管局、司法部、法律部、私人调查机构。

### 6. 技术转移

巴基斯坦政府已经采取积极行动确保与学术界和工业界合作开展技术转移活动。合作的目标是"将研究工作与未来技术的商业应用联系起来"，为此采取了以下举措：一是建立高等教育委员会专利咨询小组。二是在巴基斯坦知名大学建立技术孵化中心。三是充分发挥巴基斯坦科学和工业研究理事会的政府职能，促进本国科技事业发展，针对工业部门面临的问题开展研发活动，并通过研讨会、研习班、出版物和向学术机构提供援助等方式来与相关部门保持联系。巴基斯坦科学与工业研究理事会综合实验室曾与卡拉奇的一家医药公司合作签订了第一个技术孵化和转移协议。该协议的主要目的是收购巴基斯坦科学和工业研究理事会历经四年开发的功能饮料、麦芽碱铁和锌糖浆技术，并授予了技术转让许可证。四是充分发挥巴基斯坦科学基金会的政府机构职能，推动科学研究和相关活动，为农业科学、生物科学、生物技术与遗传工程、化学科学、计算机/信息技术、数学科学等领域的研究项目以及环境科学、工程学、地球科学、医学和物理学提供资金支持。最为重要的是，该基金会为由团体或者个人进行的隶属于大学或者研究机构的项目提供了款项支持。基金会还为支持研究活动拓展了必要的基础设施。

## （五）知识产权保护水平

### 1. 知识产权管理水平有所提升

2005 年以前，巴基斯坦盗版和侵权产品泛滥，是世界上主要盗版产品输出国之一。2005 年，巴基斯坦政府成立了知识产权组织，由总理亲自领导。巴基斯坦知识产权组织加大立法和执法力度，知识产权保护状况有较大改善。

2016 年巴基斯坦被美国从重点监督名单中删除。因为巴基斯坦政府为了实施《巴基斯坦知识产权组织法》（2012）的重要条款做出了巨大努力，且在过去 12 个月内为达到知识产权保护要求推出了一系列新决策。巴基斯坦最近努力解决了本国突出的知识产权问题，包括：在伊斯兰堡、卡拉奇和拉合尔设立知识产权法庭，确立了修改主要知识产权法案的时间点和路线图，为联邦调查局工作人员制定《联邦调查局官员版权执法手册》，共享知识产权数据和记录系统，有效控制边境侵权行为，向巴基斯坦海关提供商标数据，以及即将实施《联邦税务局知识产权执法规则》。

### 2. 盗版行为没有得到有效控制

巴基斯坦的音乐盗版率高达 90%，并且法律很难阻止盗版行为的发生。盗版已经成为人们公认的事实，在书籍、录像带、录音带和纺织品设计中都很常见。对那些音乐作品，一旦作品在公共领域被公开，音乐创作者们几乎不能在那些国家获取由他们创造的音乐制品的版税或稿酬。

此外，音乐创作人也无法因电台和电视频道采用了他们的音乐作品与唱片，而获得报酬。似乎这些富于创造性的作品并没有得到其应有的价值。这样，音乐制作者们转而到那些法律更健全且执法力度更严格的国家发表作品。低效率正在消耗本可以繁荣的音乐行业及其税收。盗版问题没有得到控制，媒体不愿支付稿酬给艺术家们，无线电广播作品的未授权录制和剽窃时有发生，对这些都需要加大执法力度。

**3. 知识产权侵权形势依然严峻**

食品、饮料和药品领域的侵权形势依然严峻，巴基斯坦法院对知识产权侵权者做出的裁决威慑力不够。这损害了巴基斯坦的形象，并且投资者也不愿在巴基斯坦投资。美国一份报告显示，希望巴基斯坦新任政府能够更严肃地应对巴基斯坦知识产权保护这一问题，希望巴基斯坦知识产权组织能够采取更有效的措施来遏制这种威胁。明目张胆的知识产权侵权不仅欺骗了消费者，更抑制了外国投资者们在巴基斯坦的投资。

在巴基斯坦，知识产权管理已经成为主流。以前阻碍有效管理的制度缺陷正在被政府着手解决。知识产权注册管理机构的运作模式也快速向计算机化发展。巴基斯坦正在为实现其知识产权目标而努力。然而知识产权本身不是目标，是达到目标的手段，最终目标是持续推进国家经济高速增长，最终使巴基斯坦成为知识产权高效社会和以知识产权为本的国家。知识产权是经济增长和财富创造的强大动力，也是一个国家经济实力增强的原因与结果。它的智能利用可以带来经济指数级增长。因此，强大和管理良好的知识产权体系是实现竞争型经济目标的首要条件。

# 第二章

专利保护制度

巴基斯坦现行的专利法案包括《专利法》（2000）、《专利保护条例》（2003）和《专利修订法案》（2016）。2003年颁布的《专利保护条例》因为取消使用专利、限制单个化学实体申请专利、限制衍生的保护、对生物技术发明申请专利设置壁垒以及建立强制许可机制等，削弱了2000年颁布的《专利法》。

根据巴基斯坦专利法案的规定，专利是国家授予的新发明的专有权，涉及创造性并具有工业应用能力，在有限的时间内允许发明人排除他人制造、使用、销售、出售获专利保护的发明。专利有效期为，从专利申请提交之日起二十年，只要按规定支付维持费用均有法律效力。专利还具有领土性，在巴基斯坦获得授权的专利在另一个国家是不受保护的。同样，外国专利（包括美国专利）在巴基斯坦也不具有法律效力。巴基斯坦尚未加入《专利合作条约》（PCT），因此在巴基斯坦不能申请 PCT。

## （一）保护要件

### 1. 专利保护主体

巴基斯坦专利法保护的主体为专利登记簿中登记的专利权人，以及获专利主管部门授权的在册的相关利益主体。

在巴基斯坦，满足以下条件的人可以申请专利保护：（1）声明其是相关发明真实的第一发明人；（2）第一发明人的代理人；（3）已故发明人生前的法定代表人。

创造发明的人是发明人，而提交专利申请的人（或公司）是专利的申请人、持有人或所有者。在某些情况下，发明人也可能是申请人，二者也可以是不同的实体，这可能发生在申请人是雇用发明人的公司或研究机构。然而，在这种情况下，所有者以及发明人的姓名必须在专利登记申请表中提及。无论发明人是否准备使用发明，应尽可能早地在巴基斯坦提交专利申请。在巴基斯坦，"申请在先"（Prior Application）可以获得优先权。因此，发明人首先申请专利授权是非常重要的。此外，为了保护发明人的所有权，发明人可以在公开任何有关本发明的细节之前，签署不公开协议，这将确保发明细节的保密性。此外，还应尽早签署确定其关系和各方权利义务的其他框架协议。

在巴基斯坦，发明人有以下几类。

一是员工发明人（Employee Inventions）。在巴基斯坦，在受雇过程中创造的发明的所有权不会自动分配给雇主，除非有具体的协议，或者雇主须证明在不使用雇主的设施、设备等必要的情况下，发明是不可能创造出来的，这项发明的所有权才能归雇主所有。然而，即使在发明具有特殊的经济价值的情况下，员工发明人也将有权享有公平的报酬，同时也需考虑其职责的性质、工资和雇主的利益。

二是独立发明人（Independent Contractors）。除非另有明确说明，公司雇用开发新产品或方法的独立发明人拥有发明的所有权。这意味着，除非独立发明人与公司商定将该发明分配给该公司，否则即使支付费用，公司也不能拥有所有权。

三是共同发明人（Joint Inventors）。当一个以上的人对发明的创造和实现做出重大贡献时，则将其视为共同发明人，并在专利申请中提及。如果联合发明人也是申请人，则将被共同授予专利权。

四是联合所有权人（Joint Owners）。如果两个以上的人共同注册为专利所有权人，则在没有任何具体协议的情况下，每个人将有权享有该专利中相等的权利，并有权使用、实施和销售专利发明创造的权利。但是，在未经联合所有权人中的任何一人同意的情况下，都不能进行专利许可。

**2. 专利保护的客体**

巴基斯坦专利法案明确规定，任何具有可专利性、新颖性和在工业应用中有创造性和可操作性的发明，均受到专利法保护。发明包括技术和方法两种形式。

然而，以下情况不属于专利保护的范围：发现、技术理论或数学方法；文学、戏剧、音乐或艺术作品，以及任何纯艺术的创造；智力活动、游戏、商业的策划、规则和方法；信息报告；存在于自然界的物质或提取物。

即便某项技术或方法具备了申请专利的条件，但其出现下述情况时，将不被授予专利权：不利于人权保护、动植物生命健康、环境保护的商业开发所产生的发明，或者任何法律禁止的商业开发所产生的发明；微生物以外的涉及植物和动物的发明；关于人类或动物的诊断、治疗和手术方法；已存在的产品或程序的新用法或后续使用方法；同一种生产方式生产出来、外表没有发生变化的化学产品，没有达到可专利性标准的发明。

### 3. 申请专利的条件

在巴基斯坦申请专利，必须具备四个条件：发明、具有新颖性、创造性和产业应用性。

（1）发明。在专利术语中，发明一般被定义为新的和创造性的技术解决方案。它可能涉及创建一个全新的设备、产品、方法或过程，或者是对已知产品或过程的改进。发现已经存在的东西一般不符合发明的条件，必须涉及足够的人力和创造力。虽然目前大多数发明是研究与开发（R&D）等大量努力和长期投资的结果，但许多简单而便宜的技术改进，同样具有很大的市场价值，已经为发明家或公司带来了巨大的收入和利润。

"发明"与"创新"之间有明显的区别。发明涉及技术问题的技术方案，可能是一个创新的想法，也可能是工作模式或原型的形式。创新是指将发明"翻译"成可销售的产品或过程。企业创新的动因有：改进制造流程，节省成本并提高生产率；引进满足客户需求的新产品；保持竞争优势和扩大市场份额；确保开发技术以满足业务及客户的新需求；防止本公司技术依赖其他公司的技术。在当今的经济发展中，管理公司内部的创新，需要管理者对专利制度十分熟悉，以确保公司从自身创新能力中获得最大利益，与其他专利所有人建立有利可图的合作伙伴关系。产品周期短、竞争加剧给企业发展带来巨大压力，企业需要通过创新在国内和出口市场上保持竞争力。专利所提供的专有权对创新型公司在挑战与机遇并存的商业环境中保持发展态势至关重要。

在巴基斯坦，一项发明也可以申请商业秘密保护，但商业秘密的实施比专利要困难得多。商标秘密是在《商标法》（2001）第 67 条关于不公平竞争的相关规定下进行保护的。商业秘密根据员工、顾问、客户和业务伙伴的合同条款，受合同法保护。

（2）新颖性。新颖性是指一个发明必须是前所未有的，没有任何人就同样的发明向专利局提出申请，并且它不只是构成技术的一部分。凡是发明的实质内容在申请日之前未被公众使用就具有新颖性。实质内容被公众使用是指在任何国家（地区）向公众披露、公开或口头披露无形内容，但不包括传统开发、现有知识或本国（地区）的产权。

如果发明不是"现有技术"（State of the Art）的一部分，则具有新颖性。一般来说，"现有技术"是指专利申请首次提交之前，在巴基斯坦国内外出版物公开发表、在国内外公开使用，或以其他方式为公众所知的技术。出版物包括各种专利、专利申请和非专利文献。

在巴基斯坦，在提交专利申请之前，必须以口头传播、展示或其他方式公布该发明的"现有技术"状态。原则上，一旦该发明在科学杂志上、会议发言或在商业中已经被使用，则该发明不具备新颖性，也就不具备申请专利的条件。因此，在提交专利申请之前防止意外泄露发明的信息十分重要。专利代理人对于明确"现有技术"状态来说至关重要。

（3）创造性。创造性是指与已有技术相比，发明具有突出的实质性特点和显著的进步，实用新型，有进步意义。例如，Khawaja Muhammad Hanif 在巴基斯坦获得了汽车独特前灯玻璃镜头的专利权，该专利描述了制备头灯玻璃的创新方法，具有较强的新颖性。

突出显著的进步（Inventive Step），是巴基斯坦专利法的特点。发明有显著的进步性，是指相对于现有技术，对所属技术领域的技术人员来说，这一发明是非显而易见的。如果发明是其所属技术领域的技术人员在现有技术的基础上通过逻辑分析、推理或有限的经验可以得到的，则该发明是显而易见的。如果发明与最接近的现有技术相比能产生有益的技术效果，则它就具有显著的进步。例如，一项发明克服了现有技术中存在的缺点和不足，或者为解决某一技术问题提供了一种不同构思的技术方案，或者代表某种新的技术发展趋势。

在巴基斯坦专利审查实践中，不符合创造条件的一些例子包括改变尺寸、使产品便携、部件的倒转、材料的变化，或仅仅通过替换等效的部分或功能。

（4）产业应用性。产业应用性即实用性，是指一项发明的初衷是基于工业生产或其他生产的需要，并且能够产生显著效益。获得专利保护的发明必须能够促进产业发展或出于商业目的，即它应该能够被制造，或以其他方式用于生产。发明不能仅仅是理论现象，它必须有用，并能提供一些实际的利益。术语"产业"应该在最广泛的意义上被认为是与纯粹的知识或审美活动不同的东西，其中也包括农业。

例如，秘鲁发明家 Jose Vidal Martina 在巴基斯坦获得了一项用于在玻璃和陶瓷上制造孔洞的钻头的专利（专利号：US2002137433），该项专利转化成了商业产品，并在巴基斯坦实现了工业上的应用与推广。

在其他国家对产业应用性有不同的表述，有称作"实用性"（Utility）。实用性要求对于未知的实用程序的遗传序列的专利申请而言是非常重要的。

### 4. 专利保护的期限

在巴基斯坦，获得专利授权后，专利保护的期限为自申请之日算起二十年。如果在规定期限内或延长的期限内未支付费用，专利将在付款续期费用期限截止时停止生效。在向专利主管部门提出请求后，延长期限截止之前支付续期费用和规定的附加费用，则延期支付续期费用的期限应延长至不超过六个月。

公约申请（Convention Application）的有效期从该公约所在国家提出有优先权的最早申请日期开始算起。

### 5. 专利权

专利是一种强大的商业工具，可让新产品在上市过程中获得排他性，占据市场主导，并通过许可获得额外收入。例如，由阿根廷发明家 Hugo Olivera、Roberto Cardon 和 Eduardo Fernandez 设计的起泡饮料已在 20 多个国家获得专利。发明人注册了商标 Descorjet，所产生的产品由发明人建立的公司在世界各地开展商业化转化。克罗地亚公司 Pliva 生产的抗生素阿奇霉素的专利，在过去十年中赢得了数百万美元的收益，该专利获得另外一家大型外国制药公司的专利许可。

一个复杂的产品（如相机、手机或汽车）可能会纳入许多由多个专利所涵盖的发明，这些专利可能由不同的专利所有人拥有。根据专利法案规定，在巴基斯坦获得有效专利权的人具有以下权利。

（1）若专利保护的内容为产品，有效专利权人可以阻止未经其同意的第三方制造、使用、销售或出口该产品。

（2）若专利保护的内容为方法，有效专利权人可以阻止未经其同意的第三方使用该方法的行为，以及阻止使用、销售、出口通过使用该方法直接生产的产品。

（3）有效专利的持有人也有权根据许可合同分配或转让专利。

（4）专利权人还可以采取补救措施或行动，对没有经过专利权人同意的任何侵犯专利的人提起诉讼，并对发生的侵权行为提起诉讼。

（5）邮件申请用以保护药用或与农业化学产品有关的发明，在1995年1月1日之后获得营销批准的，授予五年专有销售权期限，直到产品专利被授权为止。在巴基斯坦产生与制造的任何产品，通过邮件申请已获得专利授权和营销批准的专利权人，可获得为期五年的独家销售权，或直至专利权被取消为止。

专利权不包括的范围有：专利权人或授权人以其他合法方式（如强制许可证）在世界任何地方上市该专利产品的行为；其他国家的飞行器、陆地车辆或船只等物品临时或无意进入巴基斯坦领空、领地或领海；仅用于与专利发明有关的实验目的的行为；在巴基斯坦获得专利授权，但在优先权填写、声明和获取的日期之前，使用该项发明做相关用途的行为；在专利期满后对产品进行商业化及测试审批的行为；在教育或研究机构中的教学行为。

在一些国家，建立于计算机软件功能改进基础上的数学算法可以受到专利的保护，然而在巴基斯坦，专利法案均没有涉及计算机程序的专利性问题。

与中国不同的是，巴基斯坦专利法案中规定，专利权不授予所有权人自由使用或开发专利所涵盖的技术的权利，而只授予排他权。例如，如果某人发明了一项产品，该产品可以作为另一项专利产品的一部分，即使这项产品已获得产品专利，也可能无法使用。但是，由于这项产品已经获得了专利授权，在未经其同意的情况下，任何人都不可以使用。虽然这似乎是一个微妙的区别，但了解专利制度和多个专利如何相互作用是至关重要的。事实上，他人拥有的专利可能与自己的专利存在重叠、包含或补充关系。因此，在巴基斯坦申请专利，申请人需要获得相关专利人的许可，才能将自己的专利发明商业化，反之亦然。此外，在某些发明专利（如药物专利）商业化之前，也需要获得其他许可。例如需要联邦政府根据《药物法》（1976）给予营销许可。

### 6. 增补专利

增补专利是指对发明的改进。如果一项发明的效用是改进或进一步发展申请人已经获得专利保护的另一项发明，那么就可以申请增补专利。只有原专利权人才能申请增补专利，而非原专利人做出的改进可申请改进专利。增补专利对基本专利有一定的依附性，它随基本专利的撤销而撤销。如果增补专利的申请文件提交时间与基本专利的时间相同或晚于基本专利申请文件的时间，该项专利可以被授权为增补专利。在主体发明授权之前，增补专利不得更改权利范围。但在基本专利授权之前，增补专利可以更改权利范围。

增补专利有效期。增补专利获授权后有效期与基本专利有效期一致，其有效期直到基本专利停止生效为止。如果基本专利的期限延长，则增补专利的期限也可以相应地延长。基本专利如果被撤销，则法院或专利主管部门视情况而定，可以将其增补专利转变为独立的基本专利，该增补专利将作为独立专利继续有效，并且不得追加增补专利续期费用。任何此类专利成为独立专利后，费用应在相同日期支付，与原独立专利一致。

## （二）申请与授权

### 1. 专利管理部门

在巴基斯坦，专利主管部门即专利局。巴基斯坦联邦政府根据专利法案任命一名官员为专利局行政长官，即专利局长，并任命其他合适的官员作为专利局工作人员，任命后在《官方公报》上公示。

专利局由局长直接管理，专利局长接受联邦政府监督。专利局履行关于专利授权和相关管理的职责。专利局设有专利印章，盖章程序须公开公正。

巴基斯坦专利法案中规定，专利主管部门的官员和工作人员在任命期和其后一年内，不能从事与专利相关的任何事务。除了被赠予或继承的情形外，专利主管部门的官员和工作人员在卸任后，才能向专利主管部门申请，直接或间接获得专利。

专利主管部门的官员和工作人员不得泄露信息，除非专利主管部门或法庭根据专利法案要求或命令撰写或提供相关材料。专利主管部门的官员和工作人员不得泄露任何关于在巴基斯坦专利申请和授权的信息，以及制定或正在制定的某些规章制度和政策等。

根据巴基斯坦《民事诉讼法典》（1908）关于民事法庭权利的规定，专利主管部门还具有民事法庭的特定权利，包括：（1）有权召集、要求出席和审查相关人员；（2）有权要求提供关于任何发明和产品的资料；（3）有权收集证据；（4）有权出具审查证人或有关文件的委任书；（5）有权收取相关费用。

近年来，巴基斯坦专利局的主要任务是应对经济发展中面临的挑战，尤其是专利增长率不高所带来的压力。特别值得注意的是，专利局将加大力度促进专利申请量提升，加快专利审查，尤其是新颖性审查。专利申请的审查已经得到改善，专利申请效率得到提升。目前，专利局已经清除了邮件申请中大量的审查积压现象。

对于专利主管部门根据专利法案做出的任何程序的规定，在专利主管部门没有做出任何指示的情况下，需要向专利主管部门提交书面证明材料，或根据专利主管部门要求提供口头证明。如果提供的是书面证明材料，专利主管部门允许第三方对证明材料进行审查。

在不违反专利法案规定的情况下，专利主管部门允许申请人在处理异议之前修改专利文件，并且在规定的时间内，给予任何一方一次被听证的机会。

## 2. 专利申请程序

根据巴基斯坦专利法案的规定，专利申请人必须在专利申请材料中提供详细、准确和完整的发明描述，并向公众披露。授权的专利通过《官方公报》刊登公布。对于涉及微生物的专利，法律要求将微生物存放在认可的存托机构。巴基斯坦承认根据 1977 年《国际承认用于专利程序的微生物保存布达佩斯条约》第 7 条规定获授权的国际保管机构对微生物的存放（国际保管机构名单：http：//www. wipo. int/treaties/en/registration/budapest/index. html）。在巴基斯坦，专利申请人可以是单个人，也可以是多人联合。申请人必须是所申请发明的第一发明人（集体），或者其代理人、利益继承人。申请人过世后，须指定合法代理人。根据巴基斯坦专利法案规定，"申请在先"可以获得优先权。目前，在巴基斯坦授予专利的时间通常需要 18～24 个月。专利申请可以在卡拉奇、拉合尔两地的知识产权局提交。

（1）提交申请材料。在巴基斯坦选择一家专利代理机构。由于专利领域高度专业化，因此在提交申请资料之前应咨询当地知识产权律师事务所或专利代理人。

准备申请专利的纸质材料。每项专利申请必须按规定提交表格，按要求提交至知识产权局。在巴基斯坦完成专利申请表格填写的网址为 http：//www. ipo. gov. pk/Patent/PatentFees. aspx。申请书必须附有声明，说明所申请的发明由申请人完成并拥有。专利申请应附有临时申请文件和完整申请文件、图纸。

所有申请都必须提交指定的表格，通过专利主管部门规定的手续提交，其中包含一个关于发明权属的权利要求书。如果是联名申请，必须注明发明的第一申请人或法定代理人或授权人。如果发明人不作为申请人，该发明人必须有所说明，直到有愿意作为申请人的人出现，根据专利主管部门的要求，将此人作为发明人或联合发明人。

如果申请人在其他公约国家申请超过两项发明，应在申请保护 12 个月内，在巴基斯坦单独做出申请。

同一个申请人的两项以上发明，应当分开申请，不同的发明提交不同的申请，每项申请都应当填写清楚首次申请的日期。一项获得授权的发明如果没有实用性，将视为无效专利。申请者可以随时向专利主管部门提出撤销申请的要求，但是撤销必须在该专利申请的文件、权利要求书、附图刊登在《官方公报》之前，否则将无法撤销并接受公众监督。

与基因改造器官相关的发明申请，必须向联邦政府递交申明，同时也要符合其他相关规定。

关于制药和农业用途的化学产品的发明，具有实用性、独特性、可专利性和商业价值，必须通过邮件提交相关的表格，并按照指定的程序进行申请。

公约申请则必须提交完整申请，其他所有申请都必须同时提交完整申请书文件和临时申请书文件，完整申请必须在临时申请提交后的 12 个月内完成，否则将会被终止申请程序。同一个申请者提交的带有临时申请的完整申请，这些发明都由一项发明延伸出来或者有相同的因素，专利主管部门建议只提交一项发明的申请。同时提交完整申请和临时申请的非公约申请，临时申请根据专利主管部门对完整申请的相关批复要求提交。

无论是完整申请还是临时申请，都必须按要求提交指定的说明，制图也应当按规定提交申明。用于医疗和农业的化学产品，申请书文件还必须详细阐述关于该产品的物理、化学、药理学和制药学性能，并说明这些性能在农业方面的用途及其对环境的影响。生物材料的申请书文件应当包括其原产地、该生物材料的原材料，陈述与使用权有关的规定、向巴基斯坦以外的国家出口的用途，同时还须附有联邦政府的许可证明。

每个完整的申请书文件须包括：完整地、详细地说明该发明的使用方法；附加权利要求书，表明申请者对发明将进行保护的证明材料；对该发明保护的范围做一个声明。

每一个发明申请文件中都须附上一个完整的权利要求书，权利要求书中必须简明扼要地、客观地反映问题。

附带临时文件的完整申请书文件，或者公约申请的文件，应当包含关于该项发明的权利要求书。公约申请应当说明在公约国申请保护，并且申请人是单独申请专利保护。

每个完整的说明须附有关于开发技术的目的的摘要，以及符合专利主管部门要求的决议说明。如果不符合专利主管部门要求，主管部门将会通知申请人更改直到到符合要求为止。摘要仅需描述开发技术的目的，并不需要描述保护的范围。

用于农业或医药的化学产品的完整申请文件中的权利要求书，应当对化学产品构成进行说明，包括对原料和产品实用性进行说明，但不用说明其成分，每一个单独的发明应当分别申请。生物制品不用说明其构成，但应当在声明中描述生产过程，说明对生产过程进行保护。通过不同的物质聚合该生物物质的过程不在保护的范围之内。

申请人须根据专利主管部门要求做出不对其他专利造成侵权风险的声明，并直接写进专利文件的说明书中，在指定的时间内向公众公布。同时需满足以下要求：申请人做出关于不对其他专利造成侵权风险的有效、合理的说明；申请文件符合专利主管部门要求；当其他专利被撤销或被强制取消，或是其他专利的文件相关的声明被删除时，申请文件中应附上关于不对其他专利造成侵权风险的说明书；申请人对其他专利的申明无效，在法院或专利主管部门提起诉讼前，专利主管部门将会删除申请说明中的相关部分。

（2）专利申请费用。专利申请费用并非是固定的，根据发明的性质、复杂性、律师费用的不同、申请时间长短以及审查期间提出异议等因素而有很大差异。一般来说，可能会产生以下费用：①检索现有技术的相关费用，尤其是依靠专业机构产生的服务费；②向专利局支付的官方费用，如表2-1所示。

表2-1 专利申请过程中支付的官方费用

| 序号 | 缴费项目 | | 金额（卢比） |
|---|---|---|---|
| 1 | 申请费 | | 2250 |
| | 申请文件超过40页，每页加收 | | 30 |
| | 权利要求书超过20页，每页加收 | | 75 |
| 2 | 盖章费 | | 2250 |
| 3 | 续费 | 第4~8年 | 3000/年 |
| | | 第9~12年 | 4500/年 |
| | | 第13~16年 | 6000/年 |
| | | 第17~20年 | 8000/年 |

申请人如果聘请专利代理人或律师协助申请，包括提供可专利性意见、草拟专利申请、准备正式图纸并与专利局对接等，将需要支付额外的费用。

一旦专利局授予专利，必须按照表3中规定的数额，每年支付通常称为年金的续保费，以维持专利的有效性。在国外申请发明专利，还应考虑有关国家的官方申报费用、翻译费用和使用当地专利代理人的费用。

涉及微生物的发明，如果微生物或生物材料需要在认可的存托机构进行托管，则必须支付存放材料的备案、储存、测试和保证其生存的相关费用。

（3）外国申请。专利主管部门对于国外申请的信息和文件要求包括：

①申请人已经在国外申请专利，同一项发明在巴基斯坦提交申请，要求保护相同或基本相同的发明内容，应当根据专利主管部门要求提供其已经在国外申请的专利日期和编号。

②外国申请人提供的文件包括：申请人收到的关于对外国申请进行审查的文件副本；根据外国申请授予的专利副本；任何拒绝外国申请最终决定的文件副本。

③申请人向专利主管部门提交外国申请被拒的最终决定文件的副本。

（4）申请转让。在专利授权之前，符合专利主管部门要求的情况下，申请人或申请人之一根据书面协议或协约，或者根据法律规定，可以把申请转让给提出请求的人。一旦专利被授权，专利主管部门会根据专利法案的规定，把专利授权给受让方，包括单个受让方或集体受让方。转让协议必须由全部申请人同意才生效，超过一个申请人的情况下，只有其中一个申请人签署协议则不生效。

当两个或多个专利联合申请人之一在专利授权之前的任何时候死亡，专利主管部门可应继承人的请求，在死者的法定代表人的同意下，允许申请人以继承人的名义继续进行受让。如果专利联合申请人之间发生任何争议，无论是以什么方式进行申请，专利主管部门将要求任何一方以规定的方式提出申请，并给予各申请人一次辩解的机会，此后专利主管部门将做出适当的指示以使申请只能以一个或多个当事人的名义进行。

（5）专利申请概况。2001 年至 2015 年巴基斯坦专利申请量如表 2-2 所示。

表 2-2　2001~2015 年巴基斯坦专利申请情况

| 年份 | 申请总量（件） | 非职务发明（件） | WIPO成员排名 | 职务发明（件） | WIPO成员排名 | 外国申请（件） | WIPO成员排名 |
|---|---|---|---|---|---|---|---|
| 2001 | 1226 | 58 | 71 | 1168 | 35 | — | — |
| 2002 | 1112 | 55 | 69 | 1057 | 35 | — | — |
| 2003 | 1130 | 57 | 70 | 1070 | 35 | 3 | 123 |
| 2004 | 1085 | 73 | 67 | 1008 | 34 | 4 | 115 |
| 2005 | 1291 | 143 | 64 | 1141 | 33 | 7 | 100 |
| 2006 | 1752 | 91 | 69 | 1647 | 32 | 14 | 79 |
| 2007 | 1578 | 109 | 68 | 1449 | 33 | 20 | 93 |

| 年份 | 申请总量（件） | 非职务发明（件） | WIPO成员排名 | 职务发明（件） | WIPO成员排名 | 外国申请（件） | WIPO成员排名 |
|------|------|------|------|------|------|------|------|
| 2008 | 1565 | 170 | 65 | 1375 | 34 | 20 | 90 |
| 2009 | — | — | — | — | — | 15 | 94 |
| 2010 | 1116 | 114 | 70 | 980 | 31 | 22 | 94 |
| 2011 | 1000 | 92 | 74 | 861 | 37 | 47 | 84 |
| 2012 | 915 | 96 | 68 | 798 | 36 | 21 | 104 |
| 2013 | 990 | 151 | 63 | 783 | 37 | 56 | 78 |
| 2014 | 978 | 146 | 61 | 776 | 36 | 56 | 88 |
| 2015 | 935 | 209 | 58 | 677 | 36 | 49 | 93 |

与 2012 年申请量进行比较，2007 年以来专利申请每年都在下降。原因包括制药和生物科技行业发展停滞，外商投资减少，结构发生变化。另一个重要因素是巴基斯坦法律制度不健全，使专利权人很难通过法律途径寻求保护。

巴基斯坦的专利申请的领域构成主要有计算机、制药、电子信息、医学、通信等领域（见表 2-3）。

表 2-3　2001 年至 2015 年巴基斯坦各技术领域申请比例

| 技术领域 | 所占比例（%） |
|------|------|
| 计算机技术 | 11.56 |
| 有机精细化工 | 8.44 |

| 技术领域 | 所占比例（%） |
| --- | --- |
| 制药 | 8.44 |
| 电子信息 | 7.11 |
| 发动机、水泵及发电机 | 5.78 |
| 声像技术 | 5.33 |
| 医学技术 | 4.89 |
| 生活消费 | 4.44 |
| 电气机械、装置及能量 | 4.00 |
| 通信 | 4.00 |
| 其他 | 36.01 |

据专家预测，移动通信和网络领域的专利申请量可能会有所增长。巴基斯坦有超过 1.25 亿手机用户，在南亚国家中是移动电话普及率最高的国家。巴基斯坦每年分享近 200 亿条短信，被认为是世界上短信流量第三高的国家。

### 3. 专利授权

在申请书的完整专利文件已经被接受的情况下，若没有异议提出，或提出反对意见有利于申请人的决定，申请人可以提交指定的表格申请授权。

专利局授权后，将录入专利登记簿中。每个专利的日期为提交申请的日期，如果是《巴黎公约》申请，授予日期是最早申请的日期。

在符合专利法案规定的情况下，专利主管部门有权拒绝授予专利，如果请求是在法案允许的时间内提出的，专利主管部门已盖章的专利应在一定时间内尽快批准给申请人，并将专利盖章日期记入登记簿。

（1）专利授权步骤。在巴基斯坦，专利授权包括以下步骤。

①提交申请：按规定提交费用，向专利局提出申请。

②初步审查：专利局组织对提交的申请进行审查，以确保其符合行政要求或手续，包括所有相关文件和已支付申请费用。专利局在巴基斯坦《官方公报》Ⅴ版刊登新提交的专利申请，列出申请号并公布申请的发明标题。

③专利检索：专利局进行专利检索，以确定本发明涉及的特定领域中的现有技术状况。在实质审查期间使用检索报告，将所要求保护的发明与现有技术进行比较。

④实质审查：专利局在详细审查申请、说明书、权利要求书和图纸后，将申请提交给审查员，审查的内容包括：发明是否具有新颖性；发明是否具有创造性；是否符合专利法案中规定的其他条件。实质审查的目的是确保申请符合可专利性要求。检查结果以书面形式发送给申请人或律师，以便在审查期间给予申请人提出异议的机会。

⑤授权：如果审查程序得出结论符合要求，专利局接受专利申请。专利申请的接受意味着专利局对授予专利权的申请人没有异议。

⑥公告：一旦专利申请被专利局接受，专利申请摘要将在巴基斯坦政府《官方公报》Ⅴ版上公布，如果有人反对授予专利，可以提出异议。

⑦提出异议：专利局提供四个月的时间，第三方可以在此期间提出异议反对授予专利。

⑧专利盖章：如果任何利益相关人在四个月内没有异议，或者任何异议申请均被拒绝的情况下，专利局届时将对专利进行盖章。

增补专利密封，在完整申请文件公布之日起六个月后到期。如果申请人或其中一个申请人死亡，根据专利法案规定的期限，可以在申请人死亡一二个月内或专利主管部门允许的时间范围之内提出更改申请人的请求。只要上诉时间未过期，任何法律程序均应被暂停，在提出申诉的期限到期时，不得提出上诉。专利主管部门盖章的时间为，在申请提交后并缴纳完相关费用的六个月内。

（2）专利检索

专利申请的第一步是进行专利检索。检索全球 4000 多万项专利，以及数百万关于"现有技术"的出版物，是判断发明申请是否具有新颖性、可专利性的关键步骤。如果通过专利搜索发现一项发明申请在参考文献中已有相关技术，则无申请专利的价值。专利搜索的范围还包括科学技术期刊、教科书、会议记录、论文、网站、贸易刊物和报纸等。

巴基斯坦专利局目前没有任何在线专利数据库，只能通过其他数据库进行搜索。但是，可以提交规定的表格（P-27）在专利局的专利数据车中申请有偿检索，费用为 150 卢比。

许多专利局公布的专利和专利申请可以在线访问，可以对现有技术进行搜索，通过网址 www. wipo. int/ipdl/en/resources/links. jsp 可免费获取专利数据库的知识产权局名单。虽然可以通过免费的在线专利数据库进行初步检索，但是信息量很有限，通常需要依靠专利方面的专业公司或人员提供检索服务，在商业数据库中进行专利信息检索。

巴基斯坦国际专利分类没有使用任何类别的专利申请系统。但是，对那些希望在国外提交专利的人来说，熟悉国际专利分类系统可能是有益的。国际专利分类（International Patent Classification）是用于对专利文献进行分类和搜索的层次分类系统，也是使专利文件更加准确的工具，是选择性传播信息的基础，也是调查现有技术领域技术水平的基础。第七版的国际专利分类表将与发明专利有关的全部技术内容按部、分部、大类、小类、主组、分组等逐级分类，组成完整的等级分类体系。全表共分 8 个部，20 个分部，以 9 个分册出版。这 8 个部分是：A 部——人类生活必需（农、轻、医）；B 部——作业、运输；C 部——化学、冶金；D 部——纺织、造纸；E 部——固定建筑物（建筑、采矿）；F 部——机械工程；G 部——物理；H 部——电学。

（3）审查程序。对于每一项申请，专利主管部门的审查员首先审查申请材料的完整性，须提交完整的申请书文件，并向专利主管部门提交关于申请文件、权利要求书、附图等详细资料，专利主管部门根据本法案规定决定是否要求申请人提供其他资料。

审查员在申请递交后的 8 个月内，尽可能快速地向专利主管部门递交关于该项申请的报告和相关材料。根据专利法案的规定和审查员提交的报告，专利主管部门将给申请人一次或者多次修改申请的机会。在指定的时间没有完成修改的，专利主管部门将退回申请。

在专利申请被接收之前、申请文件发布之后，专利主管部门将要求申请人对发明的全部或部分权利申请书进行修改，并附上说明书向公众发布，专利授权后有效期自申请之日算起。联邦政府或任何官员不对专利的有效性进行任何形式的调查。

申请被拒绝的情况下，在申请之日的十八个月后算起的三个月内，专利主管部门将通知申请人提交一定的费用，对申请进行延期。专利主管部门将以特定的方式在完整专利文件提交的 21 个月内书面通知申请人延期申请被接收。专利主管部门根据官方的方式要求申请人在指定的时间内提交申请。

涉及用于医疗和农业领域的化学制品的申请，自 1995 年 1 月 1 日起，应当与《世界贸易组织协定》第 70 条第（8）款和第 70 条第（9）款中的规定，以及《与贸易有关的知识产权协定》第 1 条第（3）款中的规定一致。

接受申请的时间：在申请之日的十八个月内或延长期限前接受申请人提出的申请。但如果在上述时间内提出上诉，高等法院已经批准延长遵守专利主管部门要求的时间，在高等法院批准的时间内可以遵守这些规定。

在接受完整专利申请文件后，专利主管部门向申请人发出通知，要求在《官方公报》上发布申请文件中已经被接收的说明书和优先权文件，并可以被公开查阅。在接受申请之后盖章之前或盖章的有效期之内，申请人有权提出要求。但申请人无权在专利被授权之前提起诉讼。

在接收完整申请文件的公告之日起的四个月内，任何人可以以下任何理由向专利主管部门提出反对专利授予：该专利的申请人的发明或其任何部分是从反对人或其法定代表人、受让人、代理人或律师那里获得；该发明不是本法案所指的可专利发明；权利要求书不清楚或超出了最初提交的完整申请文件中披露的范围；完整的申请文件中描述或声明超出了临时申请文件中描述的发明，并且与反对人提出申请的发明的主要内容具有相关性。专利主管部门应向申请人发出反对通知，并在决定案件结果前向申请人和反对方提供被听证的机会。

专利主管部门具有修改文件笔误的权利。专利在申请或注册阶段，出现在专利任何文件中的任何笔误，专利主管部门都有修改的权利。关于对文本的修订，视情况而定，可能会产生一定的费用，也有可能不产生费用。专利主管部门做出修改之前，给专利权人、申请人或其他相关人员发出修改文件的通知，并提供一次被听证的机会。若专利主管部门对专利申请文件或申请过程中提交的任何文件进行修改，若这一修订对申请文件的文本造成较大的改变，专利主管部门无需通知相关人员，而是需要以指定的方式对修改的内容进行公告。在根据专利法案规定进行公告后，如果有人就专利主管部门公告的内容提出异议，专利主管部门在对异议进行处理之前，向异议提出人发出通知，并给予其一次被听证的机会。

在巴基斯坦，专利异议提出数量自 2015 年以来大幅度减少。过去大多数异议主要是由巴基斯坦制药商协会提出的，该协会是代表巴基斯坦仿制药制造商利益的贸易机构。

以前提交的许多专利异议仍然存在，专利局一直在就已经提出的法律和事实上的反对意见进行听证。

第三方关于专利性的观察：公布专利文件后，任何人均可以书面形式向专利主管部门就发明的新颖性提出异议和提供相关证据，专利主管部门应根据所提供的证据在授予专利前对异议进行审查。根据专利法案做出审查的人，不得在专利主管部门提出意见之前进行审查，否则该审查将被视为无效。

（4）关于联合申请人的授权。专利授予两个以上人员的，除非有反对的有效协议，否则其中的每一人均有权享有该专利中相等的不分割的权利。如果两人以上人员被登记为专利所有权人，除非有反对的有效协议，否则每个专利权人或其代理人均享有开发、使用、运用和出售该专利发明的权利。如果两个以上的人被登记为专利权人或所有人，则不得授予专利许可，除非得到其他人的同意，否则不得由其中一人分配专利。如果专利产品由登记为两人以上专利权人中的一人出售，买方和任何相关人有权以与出售的专利权人相同的方式处理该产品。适用于所有权和转让的法律规定同样适用于专利，均不得影响受托人或死者的法定代表人的权利和/或义务。

凡两人或两人以上被登记为专利权人的，专利主管部门以指定的方式对专利权人采取措施，使其销售、租赁该专利，实施专利许可等相关活动与《专利法》（2000）第39条规定的权利相一致。如果任何登记为专利权人的人在注册失败后，或未按要求执行规定的程序，并且未能在十四天内以书面形式提交说明，专利主管部门有权要求该专利权人按要求指定其他人申请执行相关手续。专利主管部门应给予登记为该专利权人的其他人士和未按要求执行的人听证的机会。

（5）关于已故申请人的授权。凡根据本法案已被盖章的专利申请，专利主管部门已授权的专利权人死亡，或授予的法人已取消，在专利盖章之前，专利申请人可修改获得专利授权的人的名称，该专利应具有同等效力。

（6）关于雇主与雇员的授权裁定。如果雇主与其雇员发生争议，而雇员所属专利发明的过程是在受雇期间，且与其他雇员共同完成，任何一方当事人以规定的方式向专利主管部门提出申请后，专利主管部门给予任何一方听证的机会，裁定有争议的事项，并做出其认为有效的决议。

根据专利法案提出的异议申请，涉及争议事项应由法院处理的，专利主管部门将会拒绝处理。在向法院提交雇主与受雇期间的雇员争执事项之前，法院按适当的方式约谈，使有争议的双方均受益。专利主管部门根据专利法案做出的决议，与法院裁定的针对当事人的决议有相同的效力。

（7）避免合同限制性条件。任何技术被用于出售、出租、转让均是被禁止的，除非该技术为专利技术，或专利方法。当一项专利技术或专利方法被不属于专利权人的人用于出售、出租或转让，而这项专利或这些行为妨碍了专利所有人用于出售、出租或转让时，这些行为是非法的，被视为侵权行为。在针对任何人侵犯专利的诉讼中，必须提供符合规定的、有效的证明材料，证明在侵权时与原告人做出或经原告同意的与专利有关的合同。

合同内容如果出现以下情况将被视为无效：在签订合同时，供应商、出租人或许可人愿意出售或租赁物品，或许可使用、开发该项技术、方法，在合同规定的合理条件下，没有提供有效证明材料。买方、承租人或被许可人有权根据合同履行自己的责任，在向对方发出三个月的书面通知后，遵守条件，并向他提供公正的赔偿。

任何出售或租赁专利技术或许可制造、开发专利技术或方法的合同，或与此类出售、租赁或许可有关的任何合同，无论是专利法案颁布实施前或后制定，如果在签订合同之后受保护的专利或专利技术已为无效，由签订合同的任何一方以书面形式向对方发出通知，在三个月内予以确认。

（8）专利预授权和授权后异议。如果专利申请已经发布，但没有授予专利，任何人可以书面形式，在《官方公报》上公布申请的四个月内，向专利局提出异议申请。可提出的异议申请范围包括：专利申请人从对方或对方为法定代表人、受让人、代理人或律师的人那里获得发明或其任何部分；该项发明不具有可专利性等。

（9）专利授权情况。2001 年至 2015 年巴基斯坦专利授权量如表 2-4 所示。

表 2-4　2001~2015 年巴基斯坦专利授权数量

| 年份 | 授权总量（件） | 非职务发明（件） | WIPO成员排名 | 职务发明（件） | WIPO成员排名 | 外国专利授权（件） | WIPO成员排名 |
|---|---|---|---|---|---|---|---|
| 2001 | 350 | 12 | 73 | 338 | 43 | — | — |
| 2002 | 422 | 14 | 70 | 408 | 37 | — | — |
| 2003 | 364 | 13 | 69 | 350 | 36 | 1 | 117 |
| 2004 | 418 | 12 | 69 | 404 | 34 | 2 | 92 |
| 2005 | 396 | 21 | 65 | 372 | 37 | 3 | 79 |
| 2006 | 249 | 22 | 72 | 225 | 49 | 2 | 91 |
| 2007 | 189 | 18 | 70 | 170 | 50 | 1 | 104 |
| 2008 | 236 | 11 | 76 | 222 | 48 | 3 | 103 |

| 年份 | 授权总量（件） | 非职务发明（件） | WIPO成员排名 | 职务发明（件） | WIPO成员排名 | 外国专利授权（件） | WIPO成员排名 |
|------|------|------|------|------|------|------|------|
| 2009 | — | — | — | — | — | 4 | 97 |
| 2010 | 241 | 19 | 71 | 219 | 47 | 3 | 105 |
| 2011 | 474 | 29 | 71 | 440 | 36 | 5 | 97 |
| 2012 | 325 | 13 | 78 | 299 | 42 | 13 | 83 |
| 2013 | 294 | 19 | 77 | 263 | 43 | 12 | 89 |
| 2014 | 197 | 172 | 42 | 13 | 87 | 12 | 102 |
| 2015 | 280 | 7 | 80 | 124 | 54 | 19 | 95 |

近年来，巴基斯坦生命科学专利申请和授权数量，特别是生物技术领域的专利，不断呈现上升趋势，然而与发达国家相比仍然存在差距。包括巴基斯坦在内的几乎所有国家都允许对涉及微生物的发明进行专利保护，并要求在微生物尚未公开的情况下将生物体样本存放在获得认可的保存机构，否则无法客观地进行审查。巴基斯坦将植物和动物排除在可专利的对象范围之外，并且不包括用于生产植物或动物的生物方法。在巴基斯坦，如果属于上述类别，植物新品种受到其他知识产权类型保护。

**4. 专利登记簿**

（1）专利登记簿登记事项。专利局负责管理专利登记簿。专利登记簿登记的事项包括：专利权人的名字和地址、专利受理通知书的签署和发放、专利许可、修改、延期和撤销，与专利有效性和权属有关的事项。在《专利与设计法案》（1911）规定下所造册的专利登记簿，应当并入现行法案下的专利登记簿。任何明确的、隐含的或建设性的信托通知都不得载入专利登记簿，专利主管部门不能受这类通知的影响。在联邦政府的监管和管理下，专利主管部门行使保管和管理专利登记簿的职责。

任何人如果转让专利权，或被赋予抵押权、被许可权或享受其他任何专利权益，必须以书面形式向专利主管部门申请列入专利登记簿中的专利受让人。任何人想要转让、许可通过专利发明的设备，可以按指定的方式申请登记为专利受让人、被许可人或被抵押人。

符合以下条件的人可以列入专利登记簿：凡有权获得专利权的人，可在专利登记簿上将其登记为该专利的所有人或共同所有人，并列入相关文件中；凡有权享有专利的任何其他权益的人，可在专利登记簿中列入其可享有的相关权益，并附有详细文件说明。

专利的共同所有权和专利登记簿上登记的任何权利，专利权人有权对其进行转让、许可或以其他方式处理，对该专利所做的转让、许可或交易须提供有效收据。关于专利的任何股权可以按照与任何其他动产相同的方式执行。

（2）高等法院关于修改专利登记簿的权利。当出现以下四种情况时，高等法院可以决定修改登记簿相关事项：专利登记簿缺失或遗漏任何条目；载入登记簿的条目没有充足理由；载入登记簿的条目出现错误；在登记簿某条目出现错误或缺陷的情况下，做出修改或删除该条目的决议。

向高等法院提出的任何申请通知，应按照规定的方式提交给专利主管部门参与听证，应高等法院的指示出庭。高等法院根据本条修改登记簿的决议，须以指定方式通知专利主管部门，并在其收到该通知后据此修改专利登记簿。

（3）专利登记簿监督与摘录。专利登记簿应当在适当的时间向公众开放并接受监督。在缴纳一定费用后，盖有专利局印章的专利登记簿副本的任何条目可以被查看。获得授权后，专利权人可从专利登记簿中摘录相关资料。

## （三）专利变更

巴基斯坦专利法案规定，除了纠正专利文件明显错误，否则不得修改专利文件。修改后的专利文件必须披露修改前后的声明和相关事项。根据专利法案，专利完整文件公布日期过后，在获得专利主管部门或高等法院许可下，专利文件是可以被修改的，专利权人和申请人修改文件可以不被传讯，除非出现欺诈行为，修改内容将被作为专利文件的一部分。专利文件修改后的说明书将作为原始文件的参考。专利完整文件公布日期过后，根据专利法案获得允许后修改的专利文件，必须在《官方公报》上公开发布。

### 1. 专利文件修改

（1）专利主管部门许可下的文件修改。专利主管部门可根据专利法案，在认为适宜的情况下，允许专利申请人或专利权人提出修改专利申请或完整文件。但是，在向法院提起的任何侵犯该专利的诉讼，或法院撤销该专利的诉讼程序尚待处理的情况下，专利主管部门不得允许修改文件。凡根据专利法案提出修改专利申请或专利文件的要求，均须声明拟修改的性质，并详细说明申请修改的理由，在全部文件和拟修改的文件被接受之后，必须以指定的方式进行公布。对申请进行公布后的一定时期内，任何人都可以向专利主管部门提交异议说明，专利主管部门将通知申请人这一异议，并给予提出异议方一次被听证的机会。但不适用于针对授予专利的法律程序关于专利文件的任何修订，或根据本条例的任何条文授权专利主管部门插入其他专利文件对专利文件进行修订，致使专利被拒绝授权或被撤销。

（2）法院许可下的文件修改。在高等法院撤销专利的任何诉讼中，高等法院允许专利权人按照高等法院认为合适的方式修改专利完整文件，缴纳适当的费用和进行公告。如果在任何此类撤销专利诉讼中，高等法院裁决专利无效，高等法院允许根据本条修改专利文件，而不是撤销专利。凡根据专利法案向高等法院提出申请，申请人须向专利主管部门发出申请通知书，如高等法院要求其出庭，专利主管部门有权出席并被聆讯。

**2. 恢复失效专利**

当一项专利由于欠费失效时，专利权人可在专利失效后 18 个月内向专利主管部门提出恢复失效专利申请。根据专利法案提交的恢复失效专利的申请，须由专利权人或专利权人指定的代理人提交，如果该专利的专利权人是两人以上，经专利主管部门同意后，恢复失效专利的申请可由其中一人或多人提交，不需要所有专利权人联合提交。

符合以下条件，在交付完专利费用和其他需要交付的费用后，专利主管部门可恢复该项专利：（1）专利权人在规定期限内支付了所有专利费用，或者在专利失效后的六个月内支付费

用和其他相关附加费用。（2）未缴费是出于专利权人不可控的
情况。

专利主管部门根据本条款做出的决议，一旦专利权人不按
照决议执行，专利主管部门可撤销该决议。在专利失效后、恢
复失效专利申请提出前的六个月内，根据本法案做出的决议生
效之后，方可利用该专利发明或准备利用该发明，并且不可侵
犯该专利权。专利产品被其他任何人使用的情况，如果需要恢
复失效专利，其他使用该专利的人应当被授权以与专利权人同
样的方式处理。

**3. 专利的撤销与放弃**

（1）高等法院撤销专利。一旦联邦政府或任何人提出某专
利对别的专利造成侵权的诉讼，该项专利可能会被高等法院撤
销或拒绝授权。一项专利被联邦政府提起诉讼，专利权人在没
有合理的理由或不能遵守联邦政府做出的要求的情况下，仍然
使用该专利，则该专利将被高等法院撤销。专利被撤销的通知，
将会发给该项专利的所有权利人，以及利益相关者。

（2）专利主管部门撤销专利。在专利被盖章后的十二个月
内，任何人均可向专利主管部门提出撤销该专利的异议。但在
法院进行专利侵权诉讼或撤销诉讼时，除非获得法庭的许可，
否则不得做出向专利主管部门提出的申请。专利主管部门应向
专利权人发出通知，并在决定案件前给予申请人和专利权人一
次被听证的机会。一旦专利主管部门根据专利法案的规定确定
提出撤销专利的异议的条件成立，专利主管部门可做出使专利
无条件撤销的决议，除非专利权人在规定的时间内按要求修订
专利完整文件。专利主管部门不得无条件做出撤销专利的决议，

除非有理由拒绝专利授权。

（3）联邦政府撤销专利。以下为联邦政府撤销专利的情况：①一项专利或其运用对国家造成危害或对公众构成损害；②在申请过程中隐瞒事情或提供虚假材料而获得专利；③如果强制许可后产生滥用行为，例如，反竞争的实践不够充分，在专利权人被听证，并在《官方公报》上做出声明后，该专利将会被撤销。诉讼程序不得在第一次强制许可证批准的两年期满之前开始。

（4）专利主管部门撤销放弃专利权。专利权人可以按照规定的方式向专利主管部门提出放弃专利的申请。专利主管部门将以指定的方式做出公告，并告知专利权人以外的与专利注册有关的人和有相关利益的人。任何利益相关人在公告发出的一定期限内，均可向专利主管部门提出反对放弃专利的要求，同时，专利主管部门应将这一要求告知专利权人。在专利主管部门听取专利权人和反对者的意见后，如果提出放弃专利的理由充分，专利主管部门可以对专利进行撤销。

## （四）专利开发

（1）政府机构或第三方开发专利的情况。根据《专利法案》（2000）规定，政府机构或第三方开发专利的情况包括以下几种。

①涉及公共利益，特别是国家安全、食品、卫生或国民经济其他重要部门的发展。

②联邦政府已经确定专利所有人或其被许可人用反竞争开发方式进行开发，联邦政府可根据本条款采取相应的措施。

③专利持有人拒绝向第三方许可用于商业开发。

④没有以促进技术创新、转移转化和传播技术为目的来合理利用专利的情况，即使没有专利所有人的同意，联邦政府也可以决定由政府机构或联邦政府指定的第三方对该专利进行开发使用。

联邦政府在根据专利法案做出任何决议之前，应给予专利所有人和有任何利益关系的人被听证的机会。根据专利发明授权的目的，联邦政府结合其经济价值向所述所有者支付适当的报酬，同时不得出现反竞争做法。联邦政府授权的请求应附有证据，证明被授权人已经获得该专利所有人的合同许可，但并未在合理的时间内获得商业开发许可和具备相应条件。

（2）不能由政府机构或第三方开发专利的情况。政府机构或第三方不能开发专利的情况包括以下几种。

①在国家发生紧急情况时，专利权人应在合理可行的情况下尽快通知联邦政府做出决议。

②非商业公共用途。

③司法或行政机构做出的反竞争的决议。

半导体技术领域的专利发明的开发，只能通过公共非商业用途，或通过司法机构或行政机构确定的反竞争的方式授权予专利权人，没有通过联邦政府的许可不能采取相应的措施。

如果联邦政府指定了第三方，则只能将该授权转让给被剥夺专利权的个人或企业或业务部分的企业或业务。

## （五）侵权与诉讼

### 1. 侵权与诉讼程序

当企业推出新的或改进的产品，并且在市场上取得成功时，竞争对手可能会尝试制造技术特征相同或非常相似的产品获利。在某些情况下，竞争对手可能会受益于规模经济、更大的市场准入或更便宜的原材料，并能够以更便宜的价格制造类似或相同的产品。这可能给专利所有人造成沉重的压力，特别是在所有人为创建新产品或改进产品而进行了大量研发投入的情况下。

专利授予的专有权使专利所有者有机会防止或阻止竞争对手制造和使用产品侵犯其权利，并要求对遭受的损害给予赔偿。为证明侵权行为已经发生，必须表明，给定的索赔或其等同物的每个要素都包含在侵权产品或流程中。当所有权人专利发明被复制时，强制执行将维护所有权人的竞争优势、市场份额和盈利。

识别侵犯专利所有权行为的主要责任在于专利所有人。作为专利所有人，有责任监控其所属专利在市场上的使用情况，识别任何侵权者，并决定是否采取行动，以及以何种方式采取行动。独立发明人和中小企业可以将这一责任（或其一部分）转移给独家持有者，并聘请专利律师，协助采取相关措施，在国内或任何出口市场行使专利权，律师可以就所涉及的成本和风险，提供选择最佳策略的建议。

一旦侵权事件发生，即未经专利所有人的授权就使用该专利，专利所有人需要收集有关侵权方及其使用侵权产品或流程的信息用来确定侵权行为的性质和时间。同时，聘请专利律师协助做出关于侵犯专利发明后需要采取行动的决定。在某些情况下，当发现侵权行为时，专利权人可以选择发送一封律师函，通知侵权者专利所有人的权利与其业务活动可能发生冲突。在非故意侵权的情况下，程序通常是有效的，因为在许多这种情况下，侵权者将停止此类活动或同意协商许可协议。

但是，如果律师函声明发出后侵权行为并未停止，或者所有权人选择采取突然行动而不通知侵权者，则可以根据《专利法案》（2000）第 60 条针对涉及的个人或公司提起诉讼侵权。在诉讼中，法院可以通过损害赔偿、禁令、限制侵权或冻结账户等方式给予救济。在这种诉讼中，法院还有权采取以下临时措施。

一是制止侵权行为，特别是制止在许可之后进入贸易或商业渠道的行为，包括进出口。

二是保留涉嫌侵权的相关证据。这些临时措施即使没有听取被告的聆讯，特别是在任何拖延可能对业主造成不可弥补的损害的情况下，将有证据被摧毁的风险，也可以下令。一般来说，如果专利所有人发现侵权行为，建议寻求专业的法律咨询。

如果与签订合同的公司（例如许可协议）发生争议，则首先检查合同中是否存在仲裁或调解条款。建议将涉及争议的合同的特别条款纳入仲裁或调解，以避免长期而昂贵的诉讼。只要双方同意，即使合同中没有条款，也没有任何合同，可以使用替代性的争议解决系统，如仲裁或调解。

专利侵权所涉及的仲裁，根据 1940 年《仲裁法》处理。仲裁通常具有比法院程序更简短的程序，仲裁裁决在国际上更容易执行。调解的优点是双方保留争议解决程序的控制权。因此，它可以帮助专利所有人与未来可能希望合作的另一个企业保持良好的业务关系。WIPO 仲裁和调解中心为替代性争议解决提供服务（有关仲裁的更多信息，可以登录 www. arbiter. wipo. int/center/index. html 来查询）。

专利号 GB2266045。1992 年由企业家 Mandy Haberman 获得专利"适合用作教练杯的饮水机",被称为 Anywayup ® 杯。在竞争对手推出侵权产品后,Mandy Haberman 获得了禁止进一步侵犯专利权的禁令,并最终在法庭上解决此事。

**2. 案例分析**

巴基斯坦制药和制造业专利纠纷今年呈增长趋势,药物专利重大侵权事件屡有发生,被侵权对象通常为当地通用生产商生产的专利化合物和组合物,或从中国、巴西和印度进口仿制药或其活性成分,被侵权者在巴基斯坦生产或重新包装出售药物。在某些情况下,这些药品也可能出口。其他工业部门的专利侵权很少在法庭上终止,在这些技术领域的专利诉讼也是罕见的。但是,巴基斯坦的法律制度为专利所有者提供了充分的保护,积极主张追求现有法律救济的业主可以通过法律程序大大减轻侵权威胁。

巴基斯坦法院一直积极保护专利权,遏止侵权行为。近年来,涉及专利侵权的诉讼范围广泛,特别是在药品专利方面,法院已经出台了一些具有里程碑意义的决定,保护专利权,防止销售仿制药产品。

巴基斯坦有一套充分有效的法律来保护专利所有人的权利。此外,为履行 TRIPs 的承诺,巴基斯坦对知识产权立法进行了全面改革。法定变更的大部分现在已经到位,知识产权所有人可以法律诉讼来维护自己的权利。司法机关多年来一直积极维护知识产权所有人权利,鼓励知识产权所有者以决心和勤勉的态度起诉侵犯他们权利的行为,而不是忽视,最终失去宝贵的权利。

(1) Khawaja Tahir Jamal 与 AR Rehman Glass 浮法玻璃专利

侵权案。在 2005 年 Khawaja Tahir Jamal 与 AR Rehman Glass 的专利侵权案件中（2005 CLD1768），Khawaja Tahir Jamal 声称是"浮法玻璃技术制造片状玻璃的新型工艺"的专利权人。Khawaja 的诉讼显示，AR Rehman Glass 意图建立一个浮法玻璃制造工厂，侵犯了其所属专利，要求禁止 Rehman 从事的侵权行为。Rehman 提起诉讼，指称 Khawaja 通过失实陈述和欺诈获得专利，因为浮法玻璃技术不是新的，Khawaja 没有发明该项技术。Rehman 指称 Khawaja 在巴基斯坦申请的这项专利是英国专利的副本，因此缺乏新颖性，Khawaja 对该专利没有任何权利。

拉合尔高等法院法官哈米德·阿里·沙赫（Hamid Ali Shah）认为，Khawaja 的专利通过合法合规的渠道获得，授予 Khawaja 在巴基斯坦制造、销售和使用该发明的专有权。因此，任何违反这项权利的行为都将产生强制令。法官还认为，对 Khawaja 授予的权利的任何侵权行为，不仅必须得到纠正，而且必须被压制，临时救济必须依照有关规定给予。他认为，当法律规定的权利或责任也提供特别的执法补救办法时，必须遵守法定的补救办法。

法官在审查各种案件和新颖原则后，认为根据巴基斯坦专利法案的规定，"发明"、"公开使用"或"公开"的含义仅限于巴基斯坦。他指出，巴基斯坦不是任何国际专利公约的签署国，巴基斯坦专利所赋予的权利仅在巴基斯坦有效。同样，在另一个国家或地区管辖区授予的专利权也不会自动延伸到巴基斯坦。法官认为，Khawaja 的专利是在 1993 年授予的，该专利在 Khawaja 走完所有合法程序之后才获得批准，并已在《官方公报》上公布，并未收到公众的异议。

法官还认为，Khawaja 提出的损害赔偿要求并不构成拒绝临时禁令的有效理由。他指出，Rehman 还没有在其书面声明中披露其浮法玻璃的制造工艺，也没有证据表明，在授予专利权时，浮法玻璃技术在巴基斯坦是公知的。法院认定，知识产权案件的便利性和不可弥补的损失之间的差额不能以货币计算，故批准临时禁令，限制 Rehman 公司制造、进口、出售有争议的平板玻璃产品。

Rehman 向拉合尔高等法院分区法庭提起法庭上诉。司法部在沙巴尔·拉扎·里兹维（Shabbar Raza Rizvi）主持的分区法庭讨论了先前的判决以及双方的论点，并赞同法官所提出的有利于 Khawaja 的观点。然而，鉴于 Rehman 的论据，且花费大量资金建立了平板玻璃加工厂，分区法庭在维持较早的法院命令的同时修改了这一判决，Rehman 可能会继续生产平板玻璃，但直到最终判决生效，才可能出售玻璃。

（2）Merck 公司与 Hilton 制药公司药品专利纠纷案。Merck 公司与 Hilton 制药（私人）有限公司（SBLR 2002 Sindh 1194）的案件，是由信德高等法院的一位资深和经验丰富的法官裁决的。被告获得被侵权医药产品的专利和营销许可，推出和销售该专利所涵盖的产品。但是由于被告没有推出产品，被告认为诉讼还为时过早。被告生产争议产品的过程与专利所涵盖的技术并不同。在对禁令申请进行聆讯后，法官在拒绝所有抗辩的情况下认为，只有在实际侵犯专利权的情况下才可以提起诉讼。被告的责任是确定其生产药品的过程是否会不同。

在 Merck 案中，信德高等法院进一步认为，被告承担证明使用特定过程的责任，因为被告知道其用于制造药物的具体过程。如果被告人没有披露（不同的）制造药物的过程，则推定其使用创新公司在巴基斯坦获得的专利。在发出非正式强制令时，专利的有效性通常不会被质疑。在平衡便利性和不可弥补损失的可能性的情况下，可以发布暂时的禁令，限制被告制造和销售有争议的药物。

伊斯兰堡地区法院认定，专利侵权是根据被告的陈述发生的，没有全面审理。法院认定，通过发起和出售有争议的药品，侵权人违反了审判法庭的判令。专利权人随后对侵权人提起诉讼，强制执行该法令。

依照备案材料，审判法院认定，侵权人违反了该法令，可以通过采取法律规定的方式对侵权人实施法令，即有关部门扣留侵权产品，或被告公司董事、合伙人或主要官员被逮捕和拘留，或扣押和出售被告公司或其董事、合伙人或主要官员拥有的财产。

被告向高等法院提出上诉，高等法院搁置了伊斯兰堡地区法官的命令，并在确定该法令是否遭到侵犯之前，就所涉及的一个问题指出了口头证据的记录。然而，专利所有人已经将案件提交巴基斯坦最高法院，理由是根据专利侵权法令并非必须记录口头证据，因为在表面上有违反法令的书面证据已经可以记录在案。上诉尚待处理。

# 第三章

商标保护制度

巴基斯坦现行的商标法律有两部，包括《商标法》（2001）和《商标条例》（2004）。巴基斯坦商标法源于印度 1940 年的《商标法》，巴基斯坦独立后在其基础上做了修改，于 1948 年发布实施了第一部商标法案。巴基斯坦属英美法系，商标注册基于使用在先原则。1998 年，为履行 TRIPs 和《商标法》（1940）条约的要求，巴基斯坦对该《商标法》进行了修改，加强和扩大了对商标的保护，如提供驰名商标的保护等。

## （一）保护要件

### 1. 保护的主体

商标法保护的主体是指有权在巴基斯坦获得商标保护的人。巴基斯坦商标法规定，包括自然人、法人、公共社团在内的任何人均可以提交商标注册申请。在巴基斯坦没有住址或经营场所的外国申请人，必须委托在巴基斯坦主管机关已经备案的巴基斯坦代理人办理。

为了使企业能够将自己和它们的产品与竞争对手区分开来，商标在公司的品牌和营销策略中起着关键作用，有助于形象的定义，以及维护公司产品在消费者眼中的声誉。公司的形象和诚信是拥有忠实客户的基础，可以提升公司的信誉。消费者通常会根据商标所体现的品质或特征，对某些产品产生信任感。商标也为企业投资维护或提高其产品质量提供了动力，以确保其商标产品具有良好的声誉。

在巴基斯坦，通过商标注册，可以确保消费者区分产品，区分不同公司的不同产品，是营销手段、建立品牌形象和声誉的基础。获得商标许可后，通过特许权使用费可获得直接的收入来源，是特许经营协议的关键组成部分，是有价值的业务资产，能够鼓励企业投资维护或提高产品质量，甚至有助于获得融资。

### 2. 保护的客体

根据巴基斯坦商标法案的规定，商标是指以图形方式表示的能够区分一个企业的商品或服务的标记。任何用于区分商品或服务的独特的单词、字母、数字、图纸、图片、形状、颜色、标识、标签或组合都可被视为商标。商标的主要功能是使消费者能够识别特定公司的产品（无论是商品或服务），以便将其与该公司的竞争对手提供的其他相同或相似的产品区分开来。

巴基斯坦的商标分为三类，即集体商标、认证商标、驰名商标（见表3-1），采用《商品和服务国际分类尼斯协定》（简称《尼斯协定》）中关于商品与服务的分类法。根据《商标条例》（2004），也可以申请注册集体商标。

表 3-1　三类商标的区分特点

| 商标种类 | 内　容 |
| --- | --- |
| 集体商标 | 用于区分由协会成员生产或提供的商品或服务的商标 |
| 认证商标 | 用于区分符合一套标准并经认证机构认证的商品或服务的商标 |
| 驰名商标 | 在市场上被认为是众所周知的商标，从而得到更强的保护 |

在巴基斯坦广告也被视为商标，如果符合商标注册标准，广告标语可以被保护。例如，Tapal Tea 广告标语在巴基斯坦已经注册了商标并被保护。

巴基斯坦法律规定的"标记"的定义也包括声音或气味。但是，只有在能够进行图形表示的情况下才能注册这些标记。图形表示的这种情况基本上限制了在巴基斯坦可扩展到这种标记的保护范围。

还有一些较不传统的商标形式，例如单色、三维标志（产品或包装的形状）、可听见的标志（声音）或嗅觉征象（气味）。越来越多的国家承认这些较不传统的商标注册形式。然而，许多国家对可注册的商标设置了限制，通常只认可在视觉上可感知或可以以图形表示的迹象。

纺织品商标注册有专门的规定。采用数字、字母或其组合注册的纺织品，即"尼斯分类"中的第 22~27 类，被分为 94 项商品，申请人须按照该 94 项中的商品分项提交商标申请。"尼斯分类"中的第 22~27 类包括：第 22 类，缆、绳、网、帐篷、遮篷、防水遮布、帆、袋、衬垫及填充料（橡胶或塑料除外）、纺织用纤维原料；第 23 类，纺织用纱、线；第 24 类，不属别类的布料及纺织品、床单和桌布；第 25 类，服装、鞋、帽；第 26 类：花边及刺绣、饰带及编带、纽扣、领钩扣、饰针及缝针、假花；第 27 类，地毯、草垫、席类、油毡及其他铺地板用品、非纺织品墙帷。

在巴基斯坦，注册和未注册的商标都可以获得保护。根据《商标法》（2001）的规定，注册商标受到保护，而未注册商标则可根据普通法寻求保护。注册证书是有权独占并使用商标的证明。未登记标记如果需要获得保护，必须证明该商标通过广泛使用获得了独特性。尽管推荐商标代理服务，但在巴基斯坦注册商标并不是强制性的。

**3. 可作为商标注册的构成要素**

标识包含下列要素，可进行商标注册：

（1）以特定或特殊方式表述的个人、公司或企业的名称。

（2）商标注册申请人或商业成功人士的签名。

（3）具有创造性的文字或图形，包括人名、图形、颜色、声音或其联合方式组合，也可以以网域名称用于商标注册。

（4）不直接表述产品性质或质量的文字，或不出现巴基斯坦地理名称、姓氏、教派名称、种姓名或部落名称的文字。

（5）除上述 1~4 项以外的其他显著性的标志。商标的显著性是指在商标的使用过程中，该商标可以将商标所有人与其商品明确联系起来，以区别于其他的同类商品。

（6）商标的全部或者部分限定于一种或多种指定颜色，而审查部门可以根据商标的识别性灵活决定，以突出商标的显著性质。商标注册不受颜色限制，所有颜色均可注册。

（7）巴基斯坦商标法未对服务商标做出规定，但在实践中，可以第 16 类（纸制品和印刷）申请服务商标。

（8）商标可以以任何的语言文字申请注册，但在申请时需提供该商标的英译文和译音。

**4. 不能申请商标注册的情况**

如果商标口包含下列要素之一，将不被接受注册：

（1）缺乏显著特征的商标。由专属标志构成的商标，该商标已成为通用语言，或已在公认的贸易惯例中使用。

（2）可能引起欺骗或造成混淆，或不受法律保护的标志。

（3）可能为害巴基斯坦公民宗教情感的标志。

（4）违反现有法律或社会道德的标志。

（5）商标在申请不实的范围内不得注册。

（6）仅具备以下要素不能批准注册为商标：商品本身的性质产生的形状、根据技术成果而形成的商品形状、决定商品实质性价值的形状。

（7）如果商标与已注册的商标相同或相似，且商品或服务相同，则不得注册；注册的商品或服务与已注册的商标不符，但已注册的商标在巴基斯坦有较大的影响力，该商标可能对已注册的商标造成利益损害，则该商标不得注册。

（8）单一化学物质的通用名称不能作为商标注册，已获得注册的，将按注册不当处理。此外，与他人已经注册的商标相同或类似，并足以造成欺骗或产生混淆的商标不能获得注册。

（9）在纺织品尤其是布匹商品上，单纯的线条图案不能作为商标注册。同时，如果采用字母或数字，或其组合作为商标申请注册，将受到严格的条件限制。

### 5. 商标权的内容

商标对于很多公司来说是宝贵的商业资产。例如世界上最著名的商标可口可乐和 IBM，其商标价值预计超过 500 亿美元。这是因为消费者认同商标、声誉、形象以及与商标相关的一系列期望的品质，并且愿意为拥有他们所认可的商标并符合他们的期望而购买更多的商品。因此，拥有良好形象和声誉的商标的所有权使公司具有竞争优势。

巴基斯坦属英美法系，商标注册基于使用在先原则。商标注册后，商标注册者可选择确定是否使用注册商标标记。同时，对商标权的侵犯将遭到监禁及罚款处罚。如果他人的商标与注册商标近似，并且他人的商标由其自身或其商业前辈连续地使用，首次使用日期又早于注册商标的使用或注册，在此情况下，商标注册者无权干涉或制止他人诚实地使用自己的商标。如果他人对商标的在先使用被证实和确认，商标注册者亦无权对他人的相似商标获得注册提出异议。对注册商标的保护必须以尊重他人的在先权利为前提，同理，商标注册者也无权对他人诚实地使用其名称、其商业前辈的名称、其营业场所的名称进行干涉，或干涉他人诚实地描述其产品的质量或性质。

《商标法》（2001）中明确规定，依据《巴黎公约》的规定对驰名商标给予特殊的法律保护。驰名商标，是官方认定的一种商标类型，是指在巴基斯坦国内为公众广为知晓并享有较高声誉的商标。如果某商标的主要部分与驰名商标相同或者类似，作为驰名商标的所有人有权根据《巴黎公约》强制禁止在巴基斯坦使用该商标或反对注册该商标；复制或仿造他人驰名商标，即使商品不同，亦不得注册。

在巴基斯坦具有较高声誉的驰名商标，如果没有正当理由使用商标，且对商标的独特性质或声誉造成不利或带来不公平的利益，都将被判定为侵权行为。

商标注册所产生的合法权益通常仅限于其所属领土。因此，一般情况下，巴基斯坦商标只在巴基斯坦境内有效。除非商标被认定为驰名商标。

**6. 注意事项**

（1）保护期限。商标注册的有效期为从注册之日起的 10 年，每 10 年续展一次。

（2）商标续展。商标续展是指注册商标所有人在商标注册有效期满 10 年内，依法办理相关手续，延长其注册商标有效期的制度。商标所有人须在商标有效期到期之前进行登记；商标局须在期满前，将注册商标的有效期截止日期及注册续期的方式通知商标所有人。商标续展需要缴付一定的费用。

（3）续展手续的受理周期。根据《商标法》（2001）规定，商标所有人应当在商标权的生效期结束前 6 个月到生效期结束之日这段时间内提出续展申请。根据规定的方式和期限缴纳一定的手续费就可以办理商标续展。在首次续展时，商标局要求提交商标续展的申请，并附有该商标的使用证明。

（4）商标撤销。商标撤销是指商标逾期后，使原注册商标专用权归于消除的程序。商标局须在注册期满前就商标即将到期的有关事项通知商标所有人，如商标所有人没有按照条文在规定期限内办理续期手续，商标局有权将该商标从商标登记簿中撤销。

商标撤销有几种情况：在注册程序完成后五年内，经营者或其授权使用人并未在巴基斯坦真正使用该商品或服务，而且并无适当理由不使用；被暂停使用时间超过五年，并且无适当理由不使用；经营者不活跃，已成为该行业所注册的产品或服务的通用名称；经营者使用所注册商标的商品或服务可能会误导公众，特别是与商品或服务有关的性质、质量或地理来源对公众造成误导。

任何有利益关系的人均可向商标局申请改变该商标注册的状态，或缩小其注册范围。商标局可以驳回上述申请，也可以裁定撤销商标注册，或是缩小商标注册的范围。

撤销申请可以由利益相关者向商标局提出，并且可在法律程序的任何阶段将申请转交高等法院或地方法院。商标一旦被撤销，经营者的权利将被终止。商标被撤销或宣布无效，商标所有人自撤销或无效之日起两年内不得申请注册相同或类似商标。

商标局或高等法院，在按照规定的程序通知商标注册者或撤销注册商标申请者后，给予其被聆训的机会，再做出撤销或维持商标注册的裁定。

注册商标被撤销后的 1 年内，他人不得申请注册该商标，除非法院确认同时存在以下两种情况：被撤销的注册商标在撤销日前 2 年未实际使用；申请商标的使用并未因被撤销商标的使用而引起欺骗和造成混淆。商标获得注册 7 年后，如被证明该商标是采取欺骗手段获得或该商标注册违法，商标注册者可向商标局申请撤销商标注册。

（5）商标恢复。商标局可在符合规定的条件下，恢复已从商标登记簿中撤销的商标注册。商标注册的续期或恢复，须在《官方公报》上公布。

**7. 商标的转让、变更和使用许可**

（1）转让。商标转让是指商标注册人在注册商标的有效期内，依法定程序，将商标专用权转让给另一方的行为。商标的转让或其他可转让部分，是就该商标所注册的某些而非全部商品或服务而言，以及以特定方式或特定地点使用该商标。商标或与商标有关的转让，应当由转让人或代表签署书面协议才可生效。

商标可以连同商誉一同转让，也可以不连同商誉单独转让。商标转让既可转让其注册的全部商品，也可以只转让其中部分注册商品。不连同商誉一同转让的商标必须在转让后 6 个月内在报纸上刊登商标公告。未注册商标也可转让，但不得连同商誉一并转让，其商标转让也受到一定条件的限制。由于商标转让会引发不同的法律主体拥有同一商标专有权的情况，商标法对此作了限制性的规定，在此情况下，商标转让当事人可以请求商标审查官对商标转让发出许可令。此外，没有进行商标转让登记注册的商标转让协议等文件，不能作为证据在法院充当对商标拥有权利的证明性文件，除非法院要求提交该文件。

（2）变更。商标核准注册后，商标注册的名称、地址或其他注册事项发生变更的，应当向商标局申请办理相应变更手续。变更仅限于名称或地址的更改，而并不影响该商标的所有人。如果商标的更改对他人造成影响，商标局须以规定的方式公布有关异议。

（3）使用许可。商标使用许可，是指商标注册人通过法定程序允许他人使用其注册商标的行为。商标的使用许可分为普通许可和独占许可。

普通许可，即许可人允许被许可人在规定的地域范围内使用合同项下的注册商标。同时，许可人保留自己在该地区内使用该注册商标和再授予第三人使用该注册商标的权利。普通许可适用于为部分商品或服务注册的商标，或以特定方式、特定地点使用商标，由委托人或由委托人代表以书面形式签署才可生效。这种许可方式多适用于被许可人生产能力有限或者产品市场需求量较大的情况，许可人可以多选择几个被许可人，而每个许可证的售价相对较低，因而是一种"薄利多销"的方式。对被许可人来说其获得的商标使用权是非排他性的，因此如果合同涉及的注册商标被第三人擅自使用，被许可人一般不得以自己的名义对侵权者起诉，而只能将有关情况告知许可人，由许可人对侵权行为采取必要措施。

独占许可，即在规定地域范围内，被许可人对授权使用的注册商标享有独占使用权。许可人不得再将同一商标许可给第三人，许可人自己也不得在该地域内使用该商标。独占许可的使用费比其他许可要高得多，所以只有当被许可人从产品竞争的市场效果考虑，认为自己确有必要在一定区域内独占使用该商标，其才会要求得到这种许可。被许可人的法律地位相当于"准商标权人"，当在规定地域内发现商标侵权行为时，被许可人可以"利害关系人"身份直接起诉侵权者。

商标的注册使用人可以要求商标所有人采取法律行动阻止商标侵权行为。如果商标所有人基于商标注册使用人的请求，在3个月内未对商标侵权采取法律措施，商标注册使用人可以以自己的名义对商标所有人提起诉讼。此外，商标注册使用人无权转让其对商标的使用权。办理商标许可登记所需文件包括申请书和商标许可协议，以及相应的声明书。

## （二）申请与审批

### 1. 管理机构

根据《商标法》（2001）的规定，由联邦政府任命一名官员为商标局局长，并在《官方公报》上向全国公告。商标局局长在联邦政府的监督下，根据商标法案任命其他官员从事商标注册工作，可授予商标局内其他官员有关商标注册的权限。

根据《商标法》（2001）的规定，联邦政府设立商标注册处。为便于商标注册，联邦政府根据商标法案，在巴基斯坦各地区建立商标注册处的分支机构。商标注册处分支机构行使权利应当在注册处的控制与监督下进行，并有商标注册处的印章。

### 2. 商标注册申请

在巴基斯坦注册商标申请可以通过现场或邮寄方式提出。巴基斯坦商标注册处目前正在实施网络化申请，申请表格可在其网站 www. ipo. gov. pk 上获得，但在线申请目前尚未正式开通。在巴基斯坦，根据商标法案的规定，不能注册防御商标。通过巴基斯坦证券交易委员会或注册公司注册商业名称，是不能被自动保护为商标的，在巴基斯坦这是一个相当普遍的误解。

（1）商标申请主体。一般来说，任何意图使用商标的个人或法人或由第三方使用商标的人均可申请注册。巴基斯坦商标法案规定，自然人、法人或者其他组织针对商品或服务，需要取得商标专用权的，应当向商标局申请商品商标注册。自然人是指具有民事权利能力和民事行为能力的个人，包括巴基斯坦人和外国人。法人是指具有民事权利能力和民事行为能力，依法独立享有民事权利和民事义务的组织。

在巴基斯坦，使用在先的人可优先获得商标注册权。任何在巴基斯坦使用或计划使用商标的人均可申请商标注册。

如果商标申请者没有在巴基斯坦使用其商标，或计划使用其商标，但在商标申请公告发布后的 6 个月内，或是商标审查官许可的更长的期限内，申请人计划成立公司并有意转让该商标，则其商标申请也可获准注册。

如果两个或两个以上的人具有商业上的联系，并且对同一商标感兴趣，但其中任何人都无资格单独拥有该商标，则他们可以作为共同所有人申请该商标注册。商标使用人可以有条件或无条件地注册成为该商标的许可使用人。

根据《商标法》（2001）规定，商标注册申请在无条件或有条件限制下被受理时，商标局在开始受理后必须尽快根据规定方式发布该申请公告。

### 3. 申请文件构成

作为注册的第一步，申请人必须发送或提交正式成型的商标申请（2 份原件和 6 份复印件），其中包括公司的联系方式、标志的图形说明、商业或服务的描述以及希望的类别以获得商标注册，并以银行汇票或支付单的形式支付所需费用。申请人可以通过向商标注册处提交 TM-55 表格和费用，要求商标局对申请人准备注册的商标进行搜索。一些国家的商标局要求申请人提供商标的使用证明或声明，例如在美国和加拿大。在巴基斯坦，提交申请时不需要这样的声明，商标可以在将来使用的基础上提出。但是，该商标必须自注册之日起五年内使用。

商标注册申请时要求提供的信息和文件如下。

（1）必须包含的信息。包括商标名称、申请人的名称和地址、指定商品服务类别及具体名称。

（2）必须提交的材料。在巴基斯坦申请注册商标，须提交以下材料：①经过公证的委托书。②商标申请书。包括申请商品和所属类别，以及申请商标在巴基斯坦的实际使用时间。③商标图样。提供商标图样 20 张，不超过 10cmx15cm，普通文字商标不需要提供商标图样。如果商标文字不是英语，则应当再提供相应的英译文和译音。④其他外国的文件在经过公证后，才可向巴基斯坦官方提交。

以公司名称命名的商标申请并不在商标注册处进行，而是需要向巴基斯坦证券交易委员会（Securities & Exchange Commission of Pakistan，www. secp. gov. pk）提交注册申请。例如，Pak Elektron 有限公司以"PEL"商标销售其产品。注册商标的标识可以是公司全称，例如"Pak Elektron Limited"，这是指其业务或经营风格，以"有限"或其他可显示公司法定性质的方式展示出来。公司和企业集团还可以使用特定商标来识别旗下所有产品，或者以某个商标来标识特定产品系列或一种特定类型的产品。一些公司也可以使用其名称的一部分作为商标。例如 ChenOne Stores Ltd. 已将其公司名称"ChenOne"注册为商标。

### 4. 拒绝注册的情况

在选择商标时，应当首先了解哪些类别的标志不能被注册。

商标注册申请提出后，被商标注册处拒绝的情况有以下六种。

（1）通用条目（Generic Terms）。虽然这些名称是相关产品的实际名称，但不可以用来注册商标。例如，用"计算机"注册电脑产品的商标，则该商标将被商标处拒绝申请注册，因为"计算机"是此类产品的通用术语。

（2）描述性条目（Descriptive Terms）。通常用来描述与贸易相关产品的单词不可以用来注册商标。例如，SWEET（甜蜜）可能被拒绝用于注册巧克力的商标。这相当于给予任何单一的巧克力制造商排他性，用SWEET来营销其产品对其他品牌的巧克力商家是不公平的。同样，RAPID（快速）、BEST（最好）、CLASSIC（经典）或INNOVATIVE（创新）等定性或称赞性的术语很可能会产生类似效果，除非它们是其他独特标记的一部分。在这种情况下，可能需要另提交一个免责声明，澄清不对该商标的特定部分寻求排他性。

（3）虚假商标（Deceptive Trademarks）。这类商标可能会误导消费者对产品的性质、质量或地理来源等相关信息的判断。例如，用COW（奶牛）为商标注册人造黄油产品可能会被拒绝，因为消费者可能会把此类人造黄油产品当作乳制品，对商品的性质制造了较大的误导性。

（4）违反公共秩序或道德的标记。被认为违反普遍接受的道德准则和宗教准则的言论和插图，不允许在巴基斯坦注册为商标。

（5）"巴黎公约"和受"巴黎公约"保护的国际组织的成员旗帜、官方标志和标识被排除在注册之外。例如，未经政府授权，巴基斯坦国旗不得注册或营销产品。

（6）产品形状（Shape of Product）。仅由产品本身的形状构成的商标，或获得技术结果所必需的商品形状，或对货物具有实质价值的形状的商标，在巴基斯坦均被拒绝注册为商标。例如，如果剃须刀的特定形状需要容纳 6 个刀片，则这样的形状将不被注册为商标。

**5. 选择商标标识注意事项**

在巴基斯坦，为产品或服务选择合适的商标，应当考虑以下四个方面。

第一，检查商标注册的条目或标识是否符合所有法律要求。进行商标搜索以确保其与现有商标不相同或混淆。

第二，确保商标易于阅读、书写、拼写和记忆，适合各类广告媒体。

第三，确保商标没有本国语言的不良的隐含意义，或潜在出口市场国家的语言表达的不良内容。

第四，检查相应的域名（即 Internet 地址）是否可用于注册。

在选择一个或多个单词作为商标时，还应考虑选择某些类型的单词的含义。以下三种类型的词语在巴基斯坦经常被用于注册商标。

创造或"幻想"的词语（Coined or "Fanciful" Words）。这些是没有任何内在或真实含义的发明词。有文字具有易于保护的优点，因为它们更有可能被认为是固有的独特之处。然而，对消费者来说可能更难记住，需要更大的努力来宣传产品。例如，商标"PEL"是一和可以发音但没有任何真实含义的注册商标。

随意的标记（Arbitrary Marks）。这些词具有与他们宣传的产品无关的含义。虽然这些类型的标记也将易于保护，但也可能需要大量的广告来在消费者心目中创建商标和产品之间的联系。例如，商标"ELEPHANT"用于营销手机。

暗示性标记（Suggestive Marks）：这些标记用于暗示产品的一种或某些属性。提示标志的吸引力在于其可以作为一种广告形式。然而，风险在于，在某些情况下，注册管理机构可能会考虑到对该产品过度描述的暗示性标记而拒绝注册申请。例如，"Business Plus"（商业加号）作为新闻频道的商标，暗示了该频道播放的内容是关于商业方面的咨询。

如果引用的词语是间接的暗示语，是可以用于商标注册的。但是，如果引用词语是直接的暗示语，可能不能注册为商标。无论选择何种商标类型，避免模仿现有商标很重要。与竞争对手类似的商标，或故意拼写错误并与其类似的商标，不太可能被注册。例如，"WORKMAN"是家具和木制品的注册商标。如果使用 VORKMAN、WERKMAN 或 WURKMANN 等注册相同或相似的产品商标，将会被拒绝注册申请，因为可能被认为与现有标记混淆。

## 6. 外国人申请的相关事宜

在巴基斯坦没有住址或营业驻地的外国人申请商标，必须委托经巴基斯坦主管机关备案的当地代理人办理。

## 7. 费用收取要求

关于在巴基斯坦注册商标和与戎本相关的费用，务必妥善地做预算。费用包括以下内容。

（1）关于创建商标或与文字相关联的成本，许多公司外包制作商标这项任务。

（2）商标搜索费用，共计 500 卢比。

（3）注册过程中其他官方费用如表 3-2 所示。

表 3-2　注册商标的官方收费情况

| 缴费项目 | 官方费用 |
| --- | --- |
| 申请费用 | 1000 卢比 |
| 出版费 | 没有费用，但申请人应当提供商标样板 |
| 注册费 | 3000 卢比 |

选择使用专业商标代理协助完成商标注册的公司将会支付额外的费用，但是可以节省大量的时间和精力。如果申请人打算在外国注册商标，则需要支付额外费用。上述费用是在一个类别中注册一个商标所需。如果打算在多个类别中注册商标，则费用会上升。

在提交注册商标申请之前，应确保已经进行了适当的商标搜索。这样做是为了确保准备申请使用的商标或类似商标尚未由另一家公司为相同或类似的产品注册。申请人可以自行进行商标搜索，也可以聘请商标代理商通过商标注册表代为进行搜索。商标局有一个搜索部门，商标审查员则是本部门的负责人。商标搜索只是第一步，也很难确保所申请的商标与现有有效注册的商标并不混淆。这就需要聘请熟悉商标局做法和法院裁决的商标代理人进行指导。

因申请、注册或者归属于本条例中的相关事宜按照相关文件的具体要求进行费用支付。可以在商标注册机构或其分部以现金支付，也可以将汇票、邮政汇票、支票、银行汇票或者支付凭证寄给商标局。支票未追加正确佣金的并且其他支票未能在规定付款时限内兑换成现金的将由商标局酌情处理。不可邮寄由收件方支付邮费的信件。关于注册商标的任何形式的申请都应按照本法的详细支付条款在商标局进行备案。

**8. 审查流程**

（1）巴基斯坦商标局审查的流程如下。

①正式审查：在提出申请时、商标局发放申请编号之前，商标局审查申请，以确保其符合行政要求或手续（即申请费是否已经支付，申请表是否已正确填写）。

②申请编号：申请编号在申请人进行申请时提供。但是，通常在官方获得收据后三到四周内提供。

③实质审查：商标局检查申请，验证该申请是否符合所有实质性要求（例如，是否属于被商标法案注册排除的类别，商标是否与相关类别的登记簿上的现有商标相冲突）。如果有一些反对意见，则会向申请人发送检查报告（俗称"显示情况通知"）。答复便是申请人对于审查报告中提出异议的回复。

④听证会：在大多数情况下，申请人对审查报告做出答复需要参加听证会，注册员听取申请人或其代理人关于支持其立场的论点。

⑤公开和反对：在听证会上，如果注册员接受了申请人或其代理人的论点，那么商标将在官方商标杂志上刊登，2个月内第三方可以对该商标提出反对注册意见（一般时间不得超过2个月）。

⑥注册：如果对于商标注册没有异议，一旦决定了便不能再次提出异议，同时签发有效期为10年的注册证书。

（2）审查注意事项如下。

①审查内容：一般包括形式审查和实质审查。所谓形式审查是指申请递交后对提交的申请文件、商标图样、委托书等文件进行合法性审查；符合规定的，将授予申请日和申请号。所谓实质审查是指根据法律审查商标是否具有可注册性、是否与在先注册的商标相同或近似、是否违背商标法案的禁用条款；对于未通过实质审查的商标，审查官将书面通知申请人，并告知驳回理由；申请人在接到该驳回通知之日起一定时间内可提交复审，否则，该申请将被视为放弃，申请日和申请号均不予保留。

②修改：商标局在收到商标申请后，将对在先权利进行相似性检索，并书面通知申请者。如果商标申请因与在先权利商标存在冲突而被驳回，除非申请者在2个月的期限内回复商标局或要求举行听证，否则商标申请将被视为自动放弃。同时，商标局也可以提出接受商标注册的条件，要求申请者修改商标申请。如果商标申请从申请之日起12个月内出于申请者的原因未完成注册手续，商标局将在书面通知申请者后，将其商标申请做放弃处理。

③商标注册异议：商标申请通过商标审查后，将被刊登商标公告。在2个月的公告期内，任何人都可以向商标局提交书面异议。对于上述2个月的公告期，可申请延期至6个月。在异议程序中，原本的法定期限2个月仅可再延2个月，共可延期六次。商标异议的当事人如果对商标局的异议裁定不服，可向高等法院起诉。

《商标法》（2001）没有规定商标注册审查的时间表。目前而言，商标审查没有明确的时间表。

根据以上规定，商标注册被受理时，没有被提出异议并通过各项审查，只要在联邦政府没有其他命令的条件下，商标局必须注册该商标。注册时，该商标注册申请的日期，成为该商标的注册日期。

注册商标时，商标局必须以规定的方式公布注册，并将盖有商标注册总局公章的注册证书交给申请者。

办理商标注册手续时，由于申请者的原因造成该申请自申请之日起 12 个月内不能完成，并且商标局通知申请者后，在指定时间内无法完成注册的，视为商标注册申请者自动放弃。

## （三）侵权与诉讼

### 1. 侵权

（1）构成侵权的情况。即使商品不同，无正当理由使用相同或近似他人的巴基斯坦商标或著名商标，若通过不正当获利减损他人商标识别性及侵害商标声誉，或者以他人注册商标名称或部分作为商标使用，则构成侵权。

（2）不构成侵权的情况。下列情形不构成商标侵权：出于纯粹善良意愿用于工业和商业者；公正使用商标的人，或者不会危害该商标的特性，或者无损于商标名誉的商标使用者；商标权人纯粹善意地使用该人的姓名或营业场所的名称，或者该人的业务前身的姓名或前营业地点的名称，只要不出现导致混淆或干扰现有的商标或其他财产权利的情况；用善意的标记表示商品或服务的种类、质量、数量、预期目的、价值、地理来源或其他特征以及商品生产或提供服务的时间；使用商标以表明商品的预期用途，特别是作为附件或备件的服务。

（3）商标的平行进口问题。商标的平行进口是指同一个商标在两个或两个以上的国家同时受到保护，一国进口商未经本国商标所有人授权或商标使用人许可，从另一国进口并销售经合法授权生产的带相同商标的同类商品的行为。

在巴基斯坦，商标所有人从国外进口商品、材料或技术，一旦被查出有商标侵权行为，应向海关发出书面通知，通知应包括以下内容：告知其是商标所有人；与这些商品、材料或技术有关的时间、地点等相关信息，在1969年"海关法"（Ⅳ of 1969）下受海关当局的制约；请求海关将其列为禁制品。

一旦进口货物、材料或技术出现商标侵权的情况，商标所有人向海关发出通知的同时，应附有承诺书，如造成损失，可向有关海关当局索取赔偿，并补偿相关损失。海关可要求申请人提供足以保护商品的进口商、收货人或所有人的担保或同等价值的担保。

巴基斯坦海关可以扣押附有侵权商标的商品，存放在安全地方。海关将向货物的进口商、收货人或所有人发出书面通知书，指明该货品因商标侵权行为，并被海关扣押，并通知其将对货物进行查验。徐存在申请人在有关物品的管辖权的地方法院提出侵犯注册商标的诉讼，并向海关发出通知的情况，该货品申请人获得通知后十个工作日内可以书面提出诉讼。进口商、收货人或所有人在被通知后同意货物被没收，海关将对货物进行没收。

（4）不正当竞争和竞争性广告。不正当竞争是指经营者以及其他有关市场参与者采取违反公平、诚实信用等公认的商业道德的手段去争取交易机会或者破坏他人的竞争优势，损害消费者和其他经营者的合法权益，扰乱社会经济秩序的行为。在巴基斯坦，被列为不正当竞争的行为包括：以任何手段混淆竞争对手的设立、货品、服务或工业或商业活动；在贸易过程中，对竞争对手的货物、服务等或工业或商业活动造成虚假的指控；在贸易过程中使用的标识，误导公众对有关商品或服务的性质、制造过程、特性、成分、品质或用途的认识。其中"违反诚实的工业或商业惯例的方式"至少意味着存在违反合同、违反信任和诱使违约等行为，包括通过第三方知道或不知道、严重疏忽的方式获取未公开的信息，而且当事方参与收购。任何不正当竞争行为均属非法，可以向有管辖权的地方法院提出反不正当竞争的诉讼。

竞争性广告是指通过广告不断增强产品的竞争能力。广告重点放在本产品的独特个性、与其他同类产品相比的优异之处上，以争取消费者的偏爱，提高消费者的购买率。在巴基斯坦，在裁定竞争性广告是否具误导性时，主要根据商品或服务的特性、可用性、性质、制造或提供的方法和日期、用途、规格、地理或商业原产地，使用对货物或服务进行测试或检查的结果和材料特征进行判断。禁止误导性广告或管制比较广告，任何人具有合法权益，可在审裁处对该广告提起法律诉讼。

### 2. 诉讼

在侵权行为中，对任何其他财产的侵权行为，如损害赔偿、禁令、账户或其他方面的赔偿，均可向商标所有者提供。但不得被视为因冒充他人的商品或服务而影响任何人，或就该商品或服务采取的补救措施而提出诉讼。

反诉：登记员应对提交诉讼的一方进行登记，在收到契据的一个月内申请人应当按照要求将异议申请书的复件以及申请表格填写后一式两份附上反驳声明寄至注册局。登记员应将按照申请表格填写的异议申请书以及反驳声明书寄至对立方。

对立方收到反驳声明书后应在 1 个月内（最多不超过 2 个月）提出第二次答辩要求。如果对立方申请了第二次答辩，那么登记员应当将复件寄至申请人。在收到反驳声明书复件的 2 个月内，或者在登记员许可的时间内，反对申请的人应当通过法定声明提供证据或者宣誓书等反对申请的重要材料，并且将材料复件寄给申请人。

在收到对立方的证据复件的 2 个月内或者在登记员许可的时间内，申请者应当通过法定声明提出相关证据或者宣誓书等支撑申请的材料，并且登记员会将材料的复件将寄至对立方。

自申请者将证据送达的一个月内或者在登记员许可的时间内，反对方可以通过法定声明提交证据回复申请者或者仅限于对申请者的证据进行严格回复并提交宣誓书。关于之前的任何诉讼，若不能提供更多证据，则登记员将宣布提供更合理证据的一方胜诉。

当宣誓书中的展品被人提出反对意见时，其复件或者模印应当按照对立方要求寄至第三方。如果复件和模印不方便提供，原件将存放于注册局以便进行检查，除非登记员有其他原件在听证会上被验证。

反对通知书、反驳声明书或者宣誓书中所涉及的文件如不是英文，应当提供一式两份的正式英文译文。

为了完善证据，登记员应当至少提前一个月向双方发布通知并告知其案件的听证会时间，除非双方同意临时通知。在收到通知后的十四天内有一方想要出庭的应当填写相关表格并且通知登记员。任何一方未按照上述方式通知登记员的将被视为不愿意参加听证会，登记员将会进行核办。

注册商标异议申请书应当在收到通知或复通知的一个月内——总计时长不得超过两个月——填写申请表格并一式两份寄往注册局，并且异议申请书上应当附上抗辩理由。

诉讼程序：任何被通知或要介入诉讼的，在收到注册局通知的一个月内将申请寄至注册局并且附上介入诉讼的原因说明书。注册局应当送达传票或相关通知的复件以及其他方的说明书。其他方指申请人、注册商标所有者，或持有有效注册商标许可证以及介入使用许可证的人员。在这段时间内注册局有可能授权的相关方都应为申请提供证据材料。注册局给相关方机会参与听证会后将根据相关的条件、修订案、补充或者限制以决定是接受还是否决该申请。诉讼中的所有证据都应该是书面文书，除非商标局认同口头证据或者附上宣誓书。

任何诉讼完成后，商标局均无义务检查在诉讼中所涉及的相关文件，若存有疑问，则按照相关法规进行检查。

不得对依法申请听证、诉讼的任何一方有偏见。在注册局裁决前应当给予任意一方或者在诉讼中处于不利位置的一方进行听证的机会。任何一方要进行听证时，注册局应当至少提前十天给该方发送通知，除非该方同意接受临时通知。

诉讼时效：商标局规定对于当事人采取的任何诉讼，当事人应对此进行关注。根据注册局可能指定事项的期限总计不应该超过三个月。

### 3. 侵权判定

在交易过程中使用与注册商标或服务相同的商标，则侵犯了该商标。

如在交易过程中使用注册商标，即属侵犯注册商标，尤其是用于商品或服务的标志与某商标所注册的商品或服务相同；标志与商标看似相似，并用于商品或服务有关的相同或者近似的商标注册。公众存在混淆的可能性，其中包括与商标关联的可能性。

如在贸易过程中使用与某商标相同或欺骗性地使用类似于某商标的标志，则该人侵犯该商标：与商标注册有关的商品的描述；与注册商标的商品有密切关系的服务；与商标注册有关的相同描述的服务；与商品服务密切相关的商标注册。

如在商标注册过程中使用注册商标，即属侵犯注册商标：相同或者看着相似的商标；用于与商标注册不符的商品或服务。

在巴基斯坦有声誉的驰名商标：没有正当理由使用商标，对商标的独特性质或声誉造成不利或带来不公平的利益。

如使用该注册商标作为其商号或部分商标名称，即属侵犯注册商标。

任何人包括注册商标的经营者如未经注册商标所有人同意而使用该注册商标作为其域名或其域名的一部分或在获取该域名的情况下，有意将该域名出售给另一方，即侵犯注册商标。

用于标记或包装商品的注册商标，当某人申请该商标时，知道该商标的申请未经经营者或持牌人正式授权，使用任何一方的材料即被视为侵犯注册商标。

在所有的法律程序中，提供公开出售的商品的人，在市场上出售或制造任何商品标志应当被视为侵犯注册商标，除非他能证明已采取一切合理的预防措施，他有理由怀疑该商标的真实性；根据审裁处做出的要求，就其权利提供所有商品的资料；本来就是无罪的。

### 4. 侵权救济措施

在不损害注册商标所有人权利的情况下，在任何其他法律的有效期内，如果商标被侵犯，经营者也有权获得本条例下的救济。

救济可以适用于以下任何一种：宣布威胁是不合理的；针对继续威胁的禁令；就该威胁所蒙受的任何损失而做出的损害赔偿。

原告有权获得上述所指明的任何救济，除非被告表明与诉讼程序有关的行为受到威胁。或如果这样做将构成对有关注册商标的侵权。

### 5. 侵权责任

申请虚假贸易描述的处罚：适用于任何虚假贸易描述的商品或服务；以任何指明其制造或生产的国家或地方的标志，或制造商品的制造商或姓名或地址，来判断虚假指示；篡改、更改或废除原产地标记，而该标记已适用于须予申请的任何商品。有上述情况的侵权行为，除非他证明没有意图诈骗，否则将处以不得少于三个月且可延长至两年的监禁，或罚款不少于 5 万卢比，或监禁与罚款两者并罚。

伪造注册条目的处罚：任何人在注册记录册内提供任何文

字以做出或安排做出虚假记项，或虚假地声称是登记册内记项的副本，或导致生产或招标，将处以不少于三个月且可延长至两年的监禁，或者处以不少于 5 万卢比的罚款，或监禁与罚款两者并罚。

虚假注册商标的处罚：任何人不得对不属于注册商标的商标作任何陈述，称该商标是注册商标；就注册商标的一部分而言，并不是作为商标单独注册的一部分，而该商标须单独注册为商标；在注册商标上，就任何事实上没有注册的商品或服务注册的影响；在任何情况下，商标注册赋予其使用权，而在考虑到注册记录册上登记的限制后，实际上并不应给予该项权利。如违反以上规定，会被判处不得少于一个月且可能会延长到六个月的监禁，或罚款不得少于 2 万卢比，或监禁与罚款二者并罚。

不当描述的业务与商标注册的处罚：如任何人使用其营业地点签发文件，或使用与商标注册有正式关联的词语，将被认定为有罪，将被判处两年以上的监禁或罚款，或监禁与罚款两者并罚。

对重犯或者再犯的加重处罚：任何人已被裁定犯虚假贸易描述所定的罪行，再次被裁定犯任何该罪行，则须按第二次及其以后的各项罪行定罪：将处以六个月至三年的监禁，或罚款不少于 10 万卢比，或监禁与罚款两者并罚。

### 6. 对毫无根据的侵权诉讼的解决方法

如果某人威胁以该命令人侵犯他人为由对另一人提起诉讼，任何人因该名称而被指控的商标，任何因威胁而感到委屈的人可以对提出威胁的人提起诉讼。

　　原告人有权享有侵权救济所指明的任何济助，除非被告人表明与诉讼程序有关的行为受到威胁，或如果这样做将构成对有关注册商标的侵权。

　　如果被告人表明与诉讼程序有关的行为受到威胁，而且原告证明商标注册在相关方面无效或有可能被撤销，原告人有权获得侵权救济措施中所指明的任何救济。

　　就商标法而言，商标已注册或已申请注册，对诉讼程序不构成威胁。并且律师、辩护人不得代表委托人，以此专业身份行使任何诉讼权利。

# 第四章

# 版权保护制度

巴基斯坦现行版权保护制度的确立，经历了一个较为漫长的过程。巴基斯坦最早版本的《版权法》颁布于1962年，并于1967年出台规范具体实施操作细节的《版权条例》。至1968年，巴基斯坦作为1948年就加入《伯尔尼公约》的成员国，根据国际版权行为的需要，专门制定了相应的《国际版权规则》。1981年，巴基斯坦出台了《版权委员会（程序）条例》，进一步明确了版权委员会作为管理机构的权责内容。1992年，根据时代发展所提出的新要求和新变化，巴基斯坦对其《版权法》进行了第一次修订，随后在2000年又进行了第二次修订。1992年及2000年的修订案，增加并细化了部分条款，改变了部分内容的定义，并细化了对版权的管理和限制。2002年，巴基斯坦对其《版权条例》进行了修订，主要是根据新的《版权法》更改和细化了其内容。除此之外，巴基斯坦的《海关法》（1969）、

《联邦调查法》（1974）等也包含关于版权保护的内容，从而确保了在多个法律层面都能够较好地保护和执行巴基斯坦的版权制度，形成了现行的巴基斯坦版权保护制度体系。

本课题所涉及的法案为 2000 年修订后的《版权法》（1962）、2002 年修订后的《版权条例》（1967）以及《国际版权规则》（1968）。

## （一）保护要件

### 1. 版权的保护对象

巴基斯坦《版权法》的保护对象分为文学、戏剧、音乐作品，艺术作品，电影及纪录片作品，录音类纪实作品四个大类。其中"文学作品"除普通文字作品外，也包括各类表格、数据汇编、计算机程序等。

（1）文学、戏剧、音乐作品。可以进行或者授权进行作品的发表、公演、翻译、电影制作、录音和改编，可以以任何材料或任何形式进行作品的复制，可以将作品用广播等类似设备进行公开传播，可以租给计算机程序进行使用。

（2）艺术作品。可以进行或授权进行作品的发表、电影制作、电视制作或改编，可以以任何材料形式进行作品的复制。

（3）电影及纪录片作品。可以进行或授权进行作品的复制、拷贝、公映、广播、租用，并可录制作品的任意部分内容。纪录片作品内必须包含作品版权所有人的姓名和地址，同时还需包含纪录片制作人的姓名、地址以及作品第一次出版发行的年份，否则不得进行出版或公映。电影作品的录音、录像和公映行为还需满足以下两个条件：一是按照巴基斯坦《电影条例》

（1979）要求进行认证，由联邦电影审查协会或者其他政府授权代理机构授予版权证书；二是电影作品的制作人亮明其姓名和地址，声明他获得了该作品版权所有人的许可，或者是在其同意下进行作品制作的。

（4）录音类纪实作品。可以进行或授权进行作品的公映、广播，可以将其用于电影的原声带的制作，也可以用于制作体现同一纪录情况的任何其他纪录作品。对于以上任何作品的翻译和改编，必须包含原作品的部分内容，并明确展现其相关性。此类作品的汇编作品的版权是受限制的，其作品版权的存在不能影响原作的版权。

**2. 版权的期限**

（1）出版（发表）文学、戏剧、音乐和艺术作品的版权期限。文学、戏剧、音乐和艺术作品，包含作者生前所公布的全部作品（摄影作品除外），其版权期限从作品首次公布开始计算，直至作者死后第二年开始延续五十年。如果存在联合作者及联合版权所有人，则其截止时间由最后一人死亡第二年开始计算，延续五十年。

（2）作者死后的版权期限。如果文学、戏剧、音乐和雕塑作品的作者已经去世，或者联合作者中的最后一位已去世，则从作者死亡之日的第二年开始五十年内，不得对该作品进行改编出版。如果在此之前改编作品已经出版的，则其版权期限为改编作品出版时间的第二年开始延续五十年。任何文学、戏剧、音乐作品及其改编作品，如已在公开场所进行销售，或有关于已售或预售的相关记录，则视为该作品已公开出版、发行或公演。

（3）电影作品、纪录（录音）作品及摄影作品（照片）的版权期限。其版权从作品首次公布的第二年开始计算，延续五十年。

（4）匿名和假名作品的版权期限。匿名或假名出版的文学、戏剧、音乐或艺术作品（摄影作品除外），其版权从首次公布的第二年开始延续五十年。如果其作者的身份在原版权期限到期之前被披露，则其版权继续存在，直到作者死亡后第二年开始延续五十年。对于作品的联合作者使用匿名、假名或笔名的，以其中已公开身份的作者为参照对象，如果随后有原未公开的作者被公开，则以其中最后死亡者作为参照对象。如果作品的所有作者均为假名，则以其中公开可查的最后死亡者为参照对象。

（5）政府和国际组织作品的版权期限。如果政府是该作品版权的第一个所有人，其版权从首次公布的第二年开始延续五十年。符合相关要求的国际组织作品，其版权从首次公布的第二年开始延续五十年。

（6）未出版作品的版权期限。如果一个作品的作者终生没有出版其作品，并且在其死后的五十年内都未出版该作品，则在其死亡五十年后该作品将属于公共大众。如果某一作品的作者不明，且自该作品创作之日起的五十年内都未出版，那么此类作品自创作之日起的五十年后将属于公共大众所有。

**3. 版权保护的条件**

（1）受保护的条件。符合以下条件的各类原创文学、戏剧、音乐、艺术、电影、录音作品在巴基斯坦拥有版权。一是作品首先在巴基斯坦出版；二是作品在巴基斯坦境外出版，但出版时作者已经死亡，且其去世时为巴基斯坦公民或在巴基斯坦定居；三是该作品为建筑作品且其位于巴基斯坦境内；四是作品还未发表，但作者在制作该作品时为巴基斯坦公民或在巴基斯坦定居。

（2）不受保护的条件。一是在任何电影作品中，其大部分内容已经侵犯了其他作品的版权；二是以任何已遭侵犯的文学、戏剧或音乐作品为范本的录制品。

此外，电影作品或相关纪录作品整体版权的缺失，不影响其中部分作品版权的独立存在。建筑作品的版权，只能以艺术或设计的性质存在，不得延伸至该建筑的施工工序或方法。

### 4. 版权保护的内容

（1）版权第一所有人的界定。一般情况下，作品的作者为该作品版权的第一所有人。如果作者受雇为报纸、杂志或期刊根据合同进行文学、戏剧或艺术作品的创作，用于报纸、杂志或期刊的出版，在没有违反任何协议的情况下，雇主为该作品版权的第一所有人，可以将该作品在任何其他报纸、杂志或期刊上以出版为目的进行复制。但是在其余的方面，作者为该作品的版权所有人。

如果作者受雇为他人进行摄影、绘画、雕刻或制作电影作品，在没有违反任何协议的情况下，作者为版权的第一所有人。如果在作者的合同期或实习期内，受雇创作的作品，雇主在没有违反其他任何协议的情况下，为该作品版权的第一所有人。在作者为政府和国际组织工作的情况下，政府和国际组织在没有违反其他任何协议的情况下成为作品版权的第一所有人。

（2）版权的转让、继承和放弃。已经存在作品的版权人以及还未出版作品的未来版权人，都可以将作品的全部或部分版权转让给他人。但无论何种形式的作品，其版权的转让都将受到有关限制。如果是转让还未出版作品的版权，那么只有当该作品出版后该转让行为才正式生效。同时，任何作者在取得作品版权的 10 年时间内，不得进行版权的转让，除非这一转让行为是经政府部门或教育、慈善、宗教等非营利机构同意的。

作者将未出版作品的版权以出版为目的转让给其他个人或组织，如果在签署转让协议起三年时间内作品还未出版，则该转让协议失效。如果被转让人在该作品出版前去世，则由被转让人的法定继承人获得该作品的相应版权。如果作者去世，那么由其法定继承人继承其版权。

版权的转让必须由版权所有人或其授权代理人亲自书面签署有关协议，其余的版权转让形式均视为无效。如果是通过本人的遗嘱进行版权转让，则在遗嘱人死后，其未出版的文学、戏剧、音乐或者艺术作品的手稿均可以作为遗产转让给其他人。如果遗嘱人死后其作品存在的版权与所立遗嘱的意愿相悖，则不能进行转让。

同时，作品的版权所有人可以按照有关规定以表格、通知的形式放弃他所拥有的全部或部分版权。相关手续由版权局负责，版权局局长在接到版权所有人发出的通知后，须以适当的方式进行官方公布。其放弃作品版权的行为，不影响他人的有关权利。

（3）出版商的权利。作品的出版商，在作者许可的情况下，有权通过书法、摄影等方式进行作品的排版制作，并可出售其商业排版，该权利从作品首次发布的第二年开始延续二十五年。

任何人未经出版商允许，通过摄影等任何方式制作或出售其商业印刷本的版式及印刷副本，视为侵权。同时，出版商所拥有的权利不影响作品本身的版权。

（4）广播节目组织机构、表演者以及录音制品生产者的权利。广播节目的组织机构有转播、录制、复制广播作品的权利，该权利自作品首播的第二年开始延续二十五年。任何人未经广播组织机构的允许，进行节目的转播、录制、复制均视为侵权。同时，授予广播组织的权利不得影响其他任何文学、戏剧、音乐、艺术、电影、广播作品本身的版权。

广播节目的表演者，有权通过无线方式向公众传播他们的表演，并禁止他人将其表演录制或复制为广播作品。该权利自作品公演的第二年开始延续五十年。

录音制品的生产者，有权允许或禁止将其录音制品进行租赁。该权利自作品录制的第二年开始延续五十年。

## （二）版权注册登记与许可

### 1. 版权相关机构

（1）版权局及其局长的职能。版权局，是巴基斯坦主管版权事务的行政管理部门，由巴基斯坦联邦政府进行监督和指导，受版权局局长的直接管理，拥有官方印章并具有司法效力。同时，版权局为了促进版权注册工作的有序开展，经联邦政府批准，设立一个分支机构——巴基斯坦版权注册处。注册处在履行注册职能时，应适时告知版权局其工作的具体情况。

版权局局长由巴基斯坦联邦政府委任，并可委任一个或多个副局长。局长需要进行所有版权条目的登记工作，并给所有签署的版权证书及注册证书盖章，版权局秘书依照相关规定协助其工作。副局长须在局长的监督及指示下履行其职能，局长可将其职能转授予副局长。如果局长在特殊情况下需要将其工作职能授予副局长以外的官员，则需要经过联邦政府的批准。

（2）版权委员会。版权委员会，是巴基斯坦版权事务的最高职能部门，由联邦政府认定及设立，可指导版权局的工作，并具有民事法庭职能，经版权委员会审理的案件，任何法院不再进行受理。其会长由联邦政府认命，应由高级法院法官或其他符合委任资格的法官担任。其余委员，数量不少于三名但不超过五名（包括版权局局长在内），由联邦政府委任。委员会代表由作者、出版商、表演权利协会代表以及其他与版权有关的利益方会商决定，应尽可能使巴基斯坦各省均有代表参加。

委员会有权确定自身召开会议的时间和地点，如果委员会成员对商讨事宜有不同意见，则以多数人的意见为准，如果不存在多数，则以会长的意见为准。委员会可授权任何委员行使委员会权利。

依据巴基斯坦1898年《刑事诉讼法》，委员会可被视为民事法庭，所有在委员会进行的诉讼均被视为遵循巴基斯坦《刑法典》的行为。委员会成员不得参与任何与其个人利益相关的诉讼。

（3）公共图书馆。公共图书馆，是巴基斯坦出版物的法定备案机构，在不影响"1960年新闻出版条例"和"1989年印刷新闻出版登记条例"的前提下，每个出版刊物的出版商，必须在出版作品后的三十日之内，主动向指定的公共图书馆出示其图书的一份副本，并按规定附上相关的详细资料。

公共图书馆特指位于巴基斯坦首都伊斯兰堡的国家图书馆，

由联邦政府设立。出版社提供给公共图书馆的副本资料，应为整本图书的所有内容，包括其中的地图和插图等，并要以最佳的方式着色、装订和包装。公共图书馆的负责人或他授权的其他代表，应向出版商提供书面的有关图书、期刊和报纸收取的收据。由政府发布或经政府授权出版的图书、期刊和报纸，也需向公共图书馆进行提交。但如果是仅供官方内部使用的图书或期刊，则不需要进行提交。

任何出版商如果违反此规定，将被罚款 500 卢比，如果是某本书或者某份期刊违反了此规定，应处以等同于该书或期刊价值的罚款并要求承担法院审理所需的全部费用。同时，可以视情况将全部或部分罚款以赔偿的方式支付给公共图书馆。由联邦政府授权的人员以一般或特别命令形式提出的申诉，任何一般法院不得进行审理和处罚，相关的犯罪行为，必须由一级及/或更高级别法官进行审理和做出处罚决定。

**2. 版权的注册登记**

（1）版权注册。版权的注册登记由版权局负责，分为文学、戏剧和音乐作品，艺术作品，电影及纪录片作品，录音类纪实作品四种类型。版权登记，要填写相应的申请表格一式三份提交给版权局。

版权局局长收到注册登记申请后，如果认为申请的内容真实有效，并且在收到申请后的三十日内没有收到任何的异议，则可以进行登记。如果收到了有关的异议，或者局长认为申请的内容存在问题，则可对申请人进行询问和调查，并在局长认为合适的情况下进行登记。

在巴基斯坦，任何作品的版权注册都只是一个版权声明、一个登记手续和一个后续在法庭可使用的证明材料，并不赋予任何实质性的权利。一个作品，无论是否进行了版权的注册登记，其版权都是存在的，依旧受到巴基斯坦版权法及其他相关法律的制约和保护。版权注册，不是版权得到保护和可以进行维权的先决条件，也可以说巴基斯坦的版权注册登记制度，只是一个非强制的辅助性管理措施。

（2）作品详情的注册登记。版权局局长须在版权局备存一份规定格式的"版权注册登记书"，上面载有作品的名称、作者、出版人、版权所有人的姓名、地址等详情信息，还须制作该版权注册登记书的索引目录。备存的版权注册登记书及其索引，任何人在缴付相关费用且符合有关规定的情况下，可在任何合理的时间进行查阅，并有权取得该登记书的索引、副本或摘要内容。

任何作品的作者、出版人、版权所有人或其他感兴趣的人，均可按照规定程序向版权局局长提出申请，要求将某一作品的详细情况列入版权登记书。在接到申请后，局长须将有关作品的详情列入版权登记书，并给予申请人登记证书，除非局长有书面理由认为该作品不能进行录入。

对于艺术类作品，除非登记申请已提出一个月或更长时间，否则不能将其详情列入版权登记书内，且不得向申请人发出登记证书。对于在报纸上公开刊登的作品，如果在接到登记申请一个月后且不超过两个月的时间内，没有收到任何关于进行该作品版权登记的反对意见，局长才可决定对该作品进行版权登记。

任何对版权转让或特许授权感兴趣的人，可以提交申请表及就有关费用向局长提出申请，以了解该项版权的原件、副本以及在版权注册登记书中的详细信息。在收到申请后，局长可进行适当的研究询问，并须将此事项的详情备注于版权注册登记书内。除非有书面理由，局长认为不应该进行录入。

（3）注册登记信息的修正。如果是为了纠正任何名称、地址或其他的错误，以及纠正由于意外失误或遗漏而可能存在的其他错误，局长可在符合规定的情况下，修改版权注册登记书及其索引。如果版权注册登记书中存在任何较严重的错误或缺陷，委员会经版权局局长或任何其他人员的申请，可以责令修订版权注册登记书，乃至删除任何有错误的相关条目。

**3. 版权许可**

（1）版权所有人的许可。任何现有作品的版权所有人以及未来作品的版权预期所有人，可以以书面形式授权他人成为他的代理人。如果此许可涉及未来作品的版权，则该许可只有在该作品存在时才生效。享有未来作品所有权许可的人，如果在其作品生效之前去世，那么他的法定继承人可在没有违背任何法律条文的情况下，依法享有该许可的权益。

（2）公共作品的强制许可。受巴基斯坦版权法保护的有关作品，出于公共利益的需要，可以申请重新进行出版、公演、广播传播或纪录活动。如果版权所有人不同意这一申请，版权委员会给予版权所有人合理的陈述机会。经版权委员会研究后，如果确认拒绝重新发布作品的理由不符合公众的利益，则拒绝不成立，将许可申请人重新发布该作品。重新发布作品的行为，需视情况支付给版权所有人相应的补偿，申请人在缴付规定费用后，委员会才会对申请人的要求予以批复。

如果作者（版权所有人）已经死亡或者已经失踪生死不明的，为公共利益重新出版作品是合理的。如果有两名或多名人士在同一时间段提出有关申请，则版权委员会需将此许可批给最能为公众利益服务的申请人。如果是为了公共利益，以非谋利的形式重印、翻译、出版任何教学图书，联邦政府及版权委员会可以为其颁发许可证。

（3）生产许可和翻译出版。巴基斯坦公民或在巴基斯坦定居的人，可向版权委员会申请许可，以巴基斯坦语或巴基斯坦通用语言（非英语、法语、西班牙语）制作和出版翻译的文学或戏剧作品。此类申请须提交规定格式的申请表，并须明确该翻译作品的建议零售价。版权委员会在接到申请后，进行相应的询问和研究，如果同意此申请，则将由版权局局长向申请人颁发许可，允许其以申请书所述的语言制作及发表作品的译本。同时，必须就出售该作品的翻译版本，支付作品特许权使用费给原作品的版权所有人，具体费用多少由版权委员会根据个案情况核定。

存在以下情况时，如果以公共利益为前提，版权委员会以书面形式通知版权所有人后，可以颁发许可。一是在首次发布作品后的一年内，作品的版权所有人或授权人均未翻译该作品，或者作品已翻译发布但已不再刊印的。二是申请人已向委员会表明理由，版权所有人拒绝进行作品的翻译，或未能找到该版权的所有人，在申请提交超过两个月后，如果委员会相信申请人有能力发表该作品的正确翻译版，且申请人有能力向版权所有人支付特许权使用费。

#### 4. 相关费用的收取

在巴基斯坦，版税、起诉费等相关手续费的收取工作，由表演权利协会负责，其资格由版权委员会进行认定和批准。收费后将给予付费方相应的公共工程收费证明（发票、收据）。任何表演权利协会，都必须以公文形式明确说明其收费的时间和方式，所收取的费用将用于社会公共项目。如果其没有按照有关规定办理，则其收费行为将被视为侵权。表演权利协会不得侵犯他人表演作品的版权，禁止接收个人及社会募捐，其经费的使用需经版权委员会的批准。

任何人对费用的收取如果存在异议，可在任何时候向版权局提出反对意见。如果版权局收到了相关的反对意见，则需将反对意见交予版权委员会，由版权委员会对此事进行调查，并在调查后决定异议是否成立。在调查过程中，版权委员会将对表演权利协会做出书面通知，并给提出异议者合理的陈述机会。最终调查结果将以书面形式交予版权局局长，局长需按照规定尽快将此结果在《官方公报》上公布，并向异议提出人和表演权利协会提供文件的副本。

### （三）国际版权保护

巴基斯坦作为《伯尔尼公约》的成员国，根据 1969 年国际版权法，任何在成员国国内存在版权的作品，其版权在巴基斯坦同样受到保护。就好比作品首次在任何成员国出版，所拥有的权益与这一作品首次在巴基斯坦出版是一样的。

#### 1. 涉及国际版权的有关规定

巴基斯坦联邦政府将以公报形式，对适用于巴基斯坦版权法的国际组织进行公布说明。任何作品在巴基斯坦境内以国际组织身份进行第一次出版，则其受巴基斯坦版权法的约束。如果作品的作者与该国际组织为雇佣关系，则在一般情况下，国际组织将被视为该作品的版权所有人。同时，该国际组织丧失行为能力后，依然受巴基斯坦版权法的约束，并视其拥有处理问题、执行版权与进行相关诉讼的能力。

**2. 延展到国外作品的权利**

（1）版权申请方式一致性。对于未出版的作品，作者在创作作品时是外国公民的，其版权申请方式与巴基斯坦作者的申请方式一致；作品第一次在国外出版与第一次在巴基斯坦出版的版权申请方式一致；国外永久居住的作者与巴基斯坦国内永久居住的居民，其版权申请方式一致。任何作品在作者死亡之后进行第一次出版的，外国公民和巴基斯坦公民的申请方式一致。

（2）外国作品在申请版权保护前，联邦政府应当确定该国家是否存在相关的版权法律规定，巴基斯坦版权法不应超过国外相关法律对于该作品的相关要求。在将图书副本送至公共图书馆时，不要求提供其第一次在国外出版时的图书原件。在版权所有人认为必要时，可以根据国外相关法律进行适当的解释说明。

**3. 对国外作品在巴基斯坦首次出版的限制**

如果联邦政府认为外国政府未能给予巴基斯坦的作者与作品充足的版权保护，则联邦政府将在《官方公报》中明确指出，不给予该国作品在巴基斯坦首次出版的相关版权保护。非巴基斯坦国籍的作者、公民、永久居民在上述公报公布之后，其作品的出版不受巴基斯坦版权法的保护。

**4. 进出口规定**

不具有版权侵权迹象的作品及其复制品，可以使用任何渠道和运输方式进出巴基斯坦。但凡是涉及版权的进出口物品，都需要向版权局提交有关申请，并支付相关费用，在经局长审查后由相关部门制作出入境许可证。版权局工作人员、版权所有人及其授权代表，可以进入任何相关船只、车辆内部及码头等地检验此证件。相关物品如果为涉及《1878 年海关行动准则》的限制类物品，则禁止其进出巴基斯坦。

**5. 海关官员的管辖权**

根据《海关法》（1969）的有关规定，海关官员可以在实际工作中向版权所有人或其他版权责任人提出要求，扣留任何拟进出口巴基斯坦的涉嫌侵权货物。所扣留货物，须在当事人在场的情况下由海关人员进行查验。如果海关人员裁定该货物中包含侵权物品，可责令没收该货物，并依据《海关法》（1969）进行相应处罚。

被扣货物有关责任人可根据《海关法》（1969）进行上诉，在上诉人提出申请 15 天内，海关需按照规定完成对扣留货物的相关检查程序。如果拟进出口巴基斯坦的货物已被海关人员依法扣留，但在 15 天内没有完成相关程序，则进出口商可向该海关当局申请归还相关货物，但须向海关当局提供相应的保证。

## （四）侵权和诉讼

**1. 侵权构成**

（1）版权侵权的构成条件。任何人如果没有经过版权所有人的同意或许可，也没有经过版权局等主管部门的同意，就进行作品的出售、经营、雇佣表演等活动，将作品在公共场合或任意地点进行有价展示，或将侵权作品进口到巴基斯坦，"盗版"复制任何文学、戏剧、音乐、影视等作品。以上行为，均视为侵权。

（2）不作为版权侵权的构成条件。

①以学术交流、研究、报道事实、司法取证为目的，对文学、戏剧、音乐、艺术、影视、摄影、报刊等类似作品进行的复制行为。

②报道未被政府要求保密的机构地点及会议举行地点。

③依照法律规定并经有关机构检验核查后，对文学、戏剧、音乐作品进行再版和改编；以课程教学、教材出版为目的对文章、戏剧、音乐、艺术作品进行改编。

④有合理理由的情况下，在公共场合选取已出版文学或戏剧作品的选段进行朗读或者背诵。

⑤对于尚未出版的作品，教育机构可以将其制作为合辑作品进行出版。如果该作品已经出版，则教育机构可以节选其作品的部分章节进行使用。但是在五年时间内，不能使用同一作者的文章超过两篇，且必须标明引用文章的作者信息。

⑥教育机构的工作人员和学员，可以以教学为目的对影视、音乐作品进行演绎，但如果该演绎作品的观众与原作的观众直接相关，则观众可以告知学生的监护人，限制此类表演行为。

⑦在制作文学、戏剧、音乐的录像作品前，获得了许可或版权所有人的同意，并支付了相应的特许使用费。且在作品的录制过程中，一般情况下不允许对原作进行改动。

⑧在不以营利为目的的前提下，利用公共设施或在社团、俱乐部等地为大众播放录音作品，或进行文学、戏剧、音乐作品的业余表演。

⑨一般情况下，对于涉及当今经济、政治、社会、宗教的文章或期刊的再版，不受版权法的约束。

⑩以讲座的形式将报纸、杂志或者其他期刊出版物的文章传递给大众。

⑪公共图书馆可将已经不再出售的图书复制不超过三份，并免费提供给大众或教育机构使用。

⑫从未出版过的文章、戏剧、音乐作品，保存在图书馆、博物馆或者其他类似机构，可以提供给以研究为目的的个人、组织进行查阅。

⑬除明令禁止外，联邦政府、版权委员会、版权局等机构公开发表的公报等内容都可以进行再版。

⑭油画、绘图、雕塑、摄影等其他艺术作品，可以永久摆放在公共场所或者允许大众自由出入的地方。

⑮影视作品以及包含其部分内容的艺术品，可以永久摆放在公共场所或者大众可以自由进行观赏的地方。

⑯个人以学习和创作为目的，在不模仿和抄袭有关作品主要设计的情况下，可以进行对该作品的浇铸、铸形、素描等行为。

⑰不从事该领域工作的个人，在不展示原作品主体设计的情况下，可以将三维立体作品，以图画、摄影等二维形式加以展现。

⑱在取得原建筑设计者许可的情况下，可以以原设计图纸

为模板，进行建筑物的重新构筑。

⑲当文学作品版权期满后，个人在进行创作时，摘抄相关作品的内容不得超过 400 字，如果包含注释、说明在内则不得超过 800 字，且对于某一章节的摘抄使用不得超过 300 字。对于诗歌作品的摘抄，总数不得超过四行，且其体量不得超过原作品的四分之一。

以上所有条件，均适用于相关作品的翻译及改编作品。

**2. 民事救济**

（1）保护对象的界定。保护的对象分为三类：一是作品的唯一作者以及唯一版权所有人；二是匿名或使用假名的文学、戏剧、音乐或艺术作品的作者；三是如果作者以匿名或假名形式单独或联名出版作品，且任何作者的身份没有被公开披露或在版权委员会进行过备案，则将作品的出版商视为作品的版权所有人。

（2）一般民事救济。版权所有人对于侵权行为，可通过禁止侵权行为、损害赔偿、责任追究等途径寻求法律救济。如果被告（侵权方）有合理理由证明其在被起诉时，未意识到其不享有该作品的版权，则原告（版权所有人）只享有禁止侵权行为，以及获得被告销售侵权作品所得全部或部分利润两项救济措施。

版权侵权诉讼中，各方承担的责任范围由法院决定。对于已经出版发行的文学、戏剧、音乐等作品的复制品，如果有个人或单位署名为该作品的作者或出版商，则法院将首先推定其为该作品的版权所有者，除非有别的证据能够将之推翻。

（3）特别救济。当版权受到侵犯时，如果版权所有人由于合理的特殊情况未能及时提起诉讼，在向法院正式提起诉讼并开始履行民事诉讼程序之前，版权所有人或有关人员可向法院申请临时法令，用以中止目前存在的侵权行为，并保全涉案证据。

如果法院认为作品版权所有人的相关利益可能受到了侵犯、影响和损害，并可能造成不可弥补的影响，或是存在证据有被销毁、隐藏或被移出法院管辖范围的风险，不立即采取措施，有可能对将来诉讼产生很不利的影响，甚至可能导致诉讼失效，法院可在未提前通知被告的情况下立即通过临时法令。

版权所有人或有关权利人在得到相关临时法令的救济后，如果 30 天内未正式提起版权侵权诉讼或其他民事诉讼，则该临时法令失效。如果已提起诉讼，则临时法令的案卷并入诉讼案卷中。法院在行使有关规定的权利时，如果涉及包括复制品在内的进出口货物，可以要求海关扣留货物。临时法令由于申请人的原因被撤销或停止生效的，法院可对被告方给予适当的补偿。

（4）单独权利的保护。如果作品的版权由多个不同的权利人享有，每个权利人在其权利范围内，均享有并可行使相应的民事救济、诉讼等法律权利，无需其他权利人共同成为当事人。

（5）原作者权利的保护。原作作者（版权所有人）在转让或放弃作品的版权后，仍有权利制止任何对于原作进行的歪曲、篡改或其他不利的行为。可以限制任何不利于原作作者荣誉或声誉的有关行为，对相关权利，原作者可以授权由法定代理人代为行使。

（6）侵权复制品相关权利的保护。任何侵权复制品以及复制作品的印版等均可被视为版权所有人的财产，在建以及建成的建筑物除外。版权所有人可以为了得到相关财产提起诉讼，除非侵权品的持有人有合理理由证明，其当时没有意识到该复制品侵权且该侵权作品不应该享有版权，或者能证明该复制品不对任何其他作品构成侵权行为。

（7）对建筑作品侵权救济的限制。在建建筑作品对其他作品构成侵权的，或者一旦建成将构成对其他作品侵权的建筑作品，版权所有人无权制止施工或责令拆除，同时也不具备有关法令的申请权。

（8）法院的管辖权及限制。版权侵权诉讼和相关民事诉讼，应向地区法院提出申请并由其审理，法院通常应在十二个月内做出判决。版权被侵权人也可以不向地区法院提起诉讼，而依照有关规定请求版权委员会进行仲裁，在收到裁决申请后，版权委员会或其主席，将指定两名以上的委员组成临时委员会，专门审理该案。在双方当事人做出陈词后，临时委员会应做出裁决，临时委员会做出的裁决视为版权委员会做出的裁决。同时，此裁决将被视为最终裁决，法院不会再次受理此事。

### 3. 违法行为及处罚措施

（1）任何故意或授意对作品的版权（包括电影作品和计算机程序的租赁权以及录音作品表演者和制作人的权利）犯下侵权行为的人，应处以最多 10 万卢比的罚金或监禁三年。

（2）未经版权所有人许可，而以任何方式对作品及其出版物进行的修改、翻译的行为，任何未经授权而出版或参与编排出版作品及作品合集的组织和个人，以欺骗性语言或行为误导公众并以相似作品混淆原作品的组织或个人，应处以最多 10 万卢比的罚金或监禁三年，情节严重者两项并罚。

（3）任何在未经授权的情况下，制作或发布具有商业用途影音制品的组织或个人，应处以最多 10 万卢比的罚金或监禁三年，情节严重者两项并罚。

（4）任何擅自经营、利用或占有仅供私人使用的影音作品的组织或个人，应处以最多 10 万卢比的罚金或监禁三年，情节严重者两项并罚。

（5）任何生产超出版权所有人或其所有权继承人授权范围作品复制品的组织或个人，应处以最多 10 万卢比的罚金或监禁三年，情节严重者两项并罚。

（6）任何组织或个人，在未经版权所有人或其代理人授权的情况下，如果擅自出租电影作品或电脑程序的原件及复制品，应处以最多 10 万卢比的罚金或监禁三年，情节严重者两项并罚。

（7）任何个人或组织，如果明知有关设备和材料是用于制作侵权复制品的，或明知相关物品是侵权物品，但依然对相关材料、设备、物品进行收藏、持有、保留的，应处以最多 10 万卢比的罚金或监禁三年，情节严重者两项并罚。

（8）任何人如果在登记材料中，有弄虚作假的行为，如：在版权登记中直接或间接造成虚假记录；直接或间接仿造版权登记书内容，或复制相关文字；在明知该作品或文字为虚假材料的情况下，依然将之出示或作为证据进行提交。有上述行为的组织或个人，应处以最多 10 万卢比的罚金或监禁三年，情节严重者两项并罚。

（9）任何个人或组织，如果欺骗或误导任何有关部门官员错误使用其职能的，诱使或影响相关人员对事务产生不正当作为或不作为的；故意做出虚假陈述的，应处以最多 10 万卢比的罚金或监禁三年，情节严重者两项并罚。

（10）任何个人或组织，如果将某人的姓名附加在非其所作的作品之上，以此来暗示某人为作者；或者以任何交易方式，将某人的姓名作为作者署名于任何作品上，明知不是其作品却进行发布的；或将某人的姓名附于某物品之上，并在公共场所故意发布或传播有关消息，使他人误以为某人为某作品作者的。诸如此类对作品版权和署名弄虚作假的行为，应处以最多 10 万卢比的罚金或监禁三年，情节严重者两项并罚。

（11）公司犯罪。任何公司（法人团体、商号等组织）如果触犯了《版权法》，则公司的相关员工均需对此行为负责。公司的任何相关业务如果触犯了《版权法》，均会受到相应的起诉和惩罚。如果侵权行为是在有意或默许的情况下所发生的，或者可归因于相关的部门领导、公司董事（合伙人）、经理、秘书等高管，那么上述高管被视为触犯法律，可被起诉并受到相应的惩罚。如果犯罪嫌疑人可以证明，该罪行是在其完全不知情的情况下发生的，或其已经采取了一切可能的措施来防止罪行的发生，则可不受惩罚。

（12）法院对侵权作品及制作设备的处置权。无论该被控侵权方是否已被定罪，法院在审讯任何涉嫌侵权案件前，可命令对所有涉嫌侵权犯罪的材料或设备以法院认为合适的方式集中处理，包括将之交付给版权所有人一方或进行统一销毁。

（13）警方的检取权。警务人员在工作中，如果由于相关事务的突发性而来不及向上级部门进行报告，并在没有获得批准令的情况下没收了相关侵权犯罪涉及的材料和设备，须在事后尽快向上级部门报告并将相关物品移交至裁决部门。公共图书馆、教育机构所属图书馆或其他非营利性图书馆所拥有的相关作品的复制品、光碟或录音设备，也应当被扣押。依法所检取的作品复制品、材料或设备等，如果涉及被告及原告之间的纠纷，被告可在检取该物品后的十五天内向地方法官申请取回物品。地方法官在聆讯原告及被告的阐述后做出进一步查讯，并依照法官认为合适的方式做出相关裁决。其依法所定的任何罪行，均不可保释。

（14）地方法官对受害方的补偿权。地方法官在裁决罚款时，可依据受害方所受的损失，将对侵害方所处罚款的百分之五十，作为相应补偿支付给受害方或作品有关权益的法定代表人。在补偿款的支付过程中，任何人不得损害双方在诉讼或其他法律程序中的相关权利。

### 4. 上诉

（1）对地方法官的相关判决有异议者，可自判决之日起三十天内向法院提出上诉，该法院将暂停执行其相关判决，等待上诉的处理结果。

（2）对版权局的相关裁决有异议者，可自判决之日起三个月内向版权委员会提出上诉，地方法官可参加聆讯，但不得以受理人身份参加。

（3）对版权委员会的裁定有异议者，可在委员会判决之日起三个月内，向上诉人自身工作和居住所在辖区的高等法院提起上诉。自提出上诉的三个月内，之前针对上诉内容的判决不得执行。

（4）局长及委员会的民事法庭权利。根据《民事诉讼法》

（1908），版权局局长和版权委员会做出以下行为时具有民事法庭的权利：一是召集任何人出席相关会议，执行考勤纪律并要求进行宣誓；二是要求查询和制作有关文件；三是接收宣誓书；四是为处于审查中的证人或者证物发布委托书；五是从法院或相关机构征用任何公开的记录或其副本。必要时，可以强制要求巴基斯坦全国范围内的有关证人出庭。

## （五）评价分析

巴基斯坦的版权制度，作为巴基斯坦知识产权保护领域的重要组成部分，总的来说为广大的学生、科研人员、文艺工作者、建筑设计师、软件编程师等提供了有关的法律保护，并引导他们利用法律武器来保障自身的合法权益。这有利于巴基斯坦各行各业的创新发展，也有利于各类创作作品的商业化和产业化。但巴基斯坦仍存在盗版严重、保护类型不全等缺陷，有待巴基斯坦有关部门进一步完善。

### 1. 盗版问题严重

早在巴基斯坦着手修订新版《版权法》的 2000 年，据英国《书商》杂志报道，在英国出版商协会的组织下，英国各大出版社在巴基斯坦进行了反盗版行动。在巴基斯坦的拉合尔，发现全国图书基金会在未获许可的情况下将有关公司的 22 种图书分别重印了 5000 册，并以极低的价格进行销售。巴全国图书基金会从事外国教科书的重印活动已经多年，其根据当时的巴基斯坦《版权法》说其有权进行重印。当时的法律规定，如果巴基斯坦国内没有低价位的版本，而且外国出版商不允许在巴基斯坦当地重印，可不经国外授权重印外国教科书。但这些规定并不符合《伯尔尼公约》中对发展中国家的特别优惠条款，严重损害了外国出版商的权益，之后巴全国图书基金会被迫从市场上撤掉了重印本。虽然这已是一个年代久远的案例，但也从一个侧面反映出巴基斯坦的《版权法》和其监管体系是存在漏洞的。直至近年来，仍然有巴基斯坦的学者反映巴基斯坦的盗版十分严重，表示在巴基斯坦大部分民众观看的都是盗版电影，使用的软件也是盗版的，甚至连阅读的图书也是影印版的。

**2. 保护类型不全**

（1）对计算机程序和软件的保护。巴基斯坦版权法案是将计算机程序和软件归于"文学作品"类别之中的，如果从电脑数字编码的角度来看，文字、声音、图表、音乐、漫画、视频以及软件之间是没有区别的，但其实计算机程序与上述作品还是不一样的。一般情况下，文字、声音、图表等都是一种固化的表达，且可能是将已经确定的作品以电子的方式进行展现。而计算机程序是一种主动的、可变的、融入了编程人员创造性的作品。简单将之归入"文学作品"，不利于进行更加细化和明确的保护，比如相关作品的源代码、设计想法、标语、口号等都没有明确纳入保护的范畴。在巴基斯坦，计算机软件没有具体的专利注册规定，也就是说计算机软件在巴基斯坦不能成为专利项目，这就进一步加大了巴基斯坦保护计算机程序的困难程度。

（2）对多媒体产品的保护。一个多媒体产品一般包含多种类型的作品，通常是在一个固定的介质上的多种类合成添加，比如电子游戏、多功能一体机、互动网站以及最近发明的全息影像等。这些产品由很多的要素构成，比如包括音乐、文字、图表等。对这些要素中的单一个体的保护在版权法中都有迹可循，但是作为结合体的多媒体产品没有专门相关的保护条款，这也给相关产品的保护增加了难度。

### 3. 法案本身存在缺陷

巴基斯坦的版权法，主要是借鉴了英国的版权法。但任何法律的执行力和有效性都与一个国家的政治、法律、社会环境以及政府机构设置息息相关。由于巴基斯坦版权法的大部分内容只是简单进行了复制，而没有根据本国情况进行足够的调整和修改，所以其在巴基斯坦施行和保护的效力是不尽理想的。

纵观全球，较为成功和成熟的版权法都有明确的目的和理论支持。比如在美国，版权制度是以功利主义理论为基础，即将版权作为给予作者的一种奖励或激励。在法国，版权法基于人格理论给予作者精神上的保护。而这是巴基斯坦版权法所缺乏的。

同时，由于巴基斯坦的版权法与英国一样，其版权科目采用的是"封闭列表"系统，有资格受到保护的作品被分为几类，这导致版权法结构复杂，但只保护了少量范畴的作品，这一点可以通过版权法的第十条法规加以印证，其版权仅仅通过文学、戏剧、音乐、艺术、电影、录音几个方面得以展现，如果超出了这一范围，就只能参照相似或相关的类别，不然就无法获得版权法的保护。这样死板的制度，不利于营造一个宽松而有保障的大环境激励广大作者更好地进行创作。

同时，现行的巴基斯坦版权法，在处理有关科技发展的问题上近乎空白。如果在某一领域出现了法律的盲区，使其得不到应有的保护，那么势必会影响投资者在这一领域进行投资的愿望和信心。比如当今火热的"大数据",它的成型和发挥作用,需要长期的建设和大量的投入,但它不在现行巴基斯坦版权法的保护范畴之内,也就鲜有投资者问津。而科技创新作为经济发展的主要动力来源,对发展中的巴基斯坦是十分重要的。不健全的法律制度,将直接或间接地制约巴基斯坦的科技以及经济社会发展。

也许,投入更多的力量对本国的版权需要进行更加透彻的研究分析,进而再一次修订巴基斯坦的版权法,完善巴基斯坦的版权管理体系,对巴基斯坦政府而言势在必行。

# 第五章

## 植物育种者权利保护制度

　　巴基斯坦作为一个农业国，它的主要自然资源是可耕作土地和水资源。农业作为巴基斯坦最大的产业，是巴基斯坦经济增长的重要驱动力，全国约有 68% 的人口依靠农业为生。巴基斯坦农业耕种面积占国土总面积的 25%，近年来农业总产值约占全国生产总值的 21%。农业还为 43.6% 的巴基斯坦劳动人口提供工作岗位。目前，巴基斯坦的主要粮食农作物以小麦、水稻和玉米为主，经济农作物以棉花和甘蔗为主。值得一提的是，巴基斯坦还是出口水稻的主要国家之一。尽管巴基斯坦农业生产遍布全国各地，但农产品生产主要集中在旁遮普省和信德省。由于巴基斯坦地处亚热带，水果资源十分丰富，素有"东方水果篮"之称，是世界排名第四的杧果生产国。虽然巴基斯坦的森林覆盖率仅占全国土地面积的 4%，但森林仍是巴基斯坦的主要食物、木材、薪柴、乳胶、造纸和医疗药品的材料来源地。

同时，森林也是国家保护野生动物、促进生态旅游发展的基础。巴基斯坦现阶段国情与自然资源分布使得其必须重视植物品种权，促进关于植物品种权法律的生成。

现为符合《世界贸易组织协定》《与贸易相关的知识产权协定》的相关规定与要求，巴基斯坦联邦政府出台了几部关于知识产权保护的法律。而就植物新品种权保护而言，巴基斯坦联邦政府考虑加入国际植物新品种保护联盟（The International Union for the Protection of New Varieties of Plants，UPOV）。但对于加入 UPOV，巴基斯坦可持续发展政策研究所却持反对意见。UPOV 是一个欧洲和工业化国家的联盟，它保护育种者的权利，但不保护种植者也就是大多数农民的权利。而对于农民人数庞大的巴基斯坦来说，这一点并不适合其现阶段的发展状况。故该研究所建议巴基斯坦联邦政府应当先制定适合自己特殊国情的植物品种权保护制度，不要急于加入 UPOV。巴基斯坦可持续发展政策研究所还补充到，新制度中需明确农民和育种者各自的权利，确定利益分享制度。迄今，巴基斯坦联邦政府出台的关于植物新品种权保护的法律有《植物育种者权法》（2000）和《植物育种者权法》（2016）。巴基斯坦联邦政府颁布实施这两部法案的目的在于与国际政策环境接轨，还在于推动巴基斯坦农业实现可持续发展，确保巴基斯坦食品安全和农民增收，促进巴基斯坦植物新品种的培育。

《植物育种者权法》（2016）积极鼓励公共部门和私营部门的育种者与种子组织加大在植物育种、开发蔬菜和观赏作物新品种方面的研究投资，努力为巴基斯坦获取受保护的外来品种与外来新技术拓宽道路。在法律保护植物新品种育种人权利的同时，还赋予农民保存、使用、交换和售卖授权品种种子的特权。该项规定符合巴基斯坦所加入的《粮食和农业植物遗传资源国际条约》的要求，也是农业系统中农民的通俗做法与发展中国家农民获得种子的主要途径。此外，巴基斯坦联邦政府还鼓励公共和私营部门的种子企业营造健康竞争发展的氛围，从而促使科研机构创收，为育种者提供财政奖励，确保农民社区得到改善，粮食安全得到保障及给农民提供一定的免税权利。巴基斯坦的两部品种权法律对植物新品种的要求多以《国际植物新品种保护公约》（1991）（Act of 1991 International Convention for the Protection of New Varieties of Plants）为模板。在品种权法律生效前，没有国外公司愿意将资本投入巴基斯坦，每年外国种子的认证数量仅能满足认证种子需求的 10% 到 15%。然而，巴基斯坦每年都会进口相当数量的转基因农作物及其产品，例如棉花、油菜籽、黄豆等来支撑巴基斯坦国家的纺织业发展、食物需求与养殖需求。

随着人口的增加与可利用土地的减少，国际食品安全与国内食品安全成了人们关注的重点。《植物育种者权法》（2016）的适时出现鼓励育种者和种子公司在种植方面进行投资，帮助育种者研发更好的农作物品种，为外国品种和新科技提供保护措施，有效控制假种子在市面上的流通并促进植物多样性的发展。农业生物多样性不仅是巴基斯坦农业恢复活力的关键因素，还与巴基斯坦的食品安全有着直接联系。所以丰富农业生物多样性是提高巴基斯坦农民耕作能力、提高农作物产量的关键。巴基斯坦农民为了将生产力最大化、风险最小化，不得不自行从所保存的旧品种、新发明品种及试行的新品种中选取能适应当地环境的植物品种进行耕作。而在《植物育种者权法》（2016）生效前，巴基斯坦没有把关劣质种子的法律，这也致使农民难以发展农业生物多样性，提高农作物产量与质量。

巴基斯坦农民种植转基因棉花的面积高达整个棉花种植区域的95%，棉籽也是巴基斯坦境内最大的植物油来源之一。在新法生效前，巴基斯坦联邦政府没有关于允许在市场上售卖转基因棉花种子的相关规定，导致国外公司肆意在巴基斯坦非法进行转基因棉花种子交易。《植物育种者权法》（2016）的出台也是为了解决转基因棉花种子的非法交易与棉花生产量下降的问题。由于过去知识产权法中缺失了对种子公司的保护措施，市场上现有的农作物种子不仅价格昂贵，还不符合质量标准，影响了农民和整个国民经济的利益。针对这些缺点，巴基斯坦的正义运动党人阿萨德·奥马尔（Asad Umar）在其他许多修正案中提出建议，希望联邦政府在新法案中加入法规用以专门处罚曾经涉及在市场上提供劣质种子的公司。以上种种客观因素表明，巴基斯坦联邦政府出台《植物育种者权法》（2016）是十分重要且不可避免的。

本部分主要参照《植物育种者权法》（2000）与《植物育种者权法》（2016），对有关巴基斯坦植物新品种的保护要件、申请与审批、侵权处理方式进行详细阐释。

## （一）保护要件

巴基斯坦联邦政府出台的《植物育种者权法》（2016）对植物新品种保护的主体、客体及受保护的权益内容等要件做了详细的规定和说明，以下重点介绍巴基斯坦植物新品种保护对象的范围、授权条件、保护主体和权利内容、保护期限、品种权强制许可。

### 1. 植物品种权保护对象的范围

在《植物育种者权法》（2016）中涉及的受保护植物品种有实质性衍生品种（Essentially Derived Variety）、转基因植物品种（Genetically Modified Plant Variety）、杂交品种（Hybrid）以及在单一的植物分类中认识度最低的植物群。

（1）实质性衍生品种。本法对于实质性衍生品种的定义是，一个品种衍生于另外一个不是实质性衍生品种的原始品种，保留了来自该原始品种的基因型或基因型组合的基本特性的表达，与原始品种有明显区别，并且在来自该原始品种的基因型或者基因型组合的基本特性的表达方面符合该原始品种（来自衍生行为的差异除外）。

（2）转基因植物品种。所谓转基因植物品种是指植物品种由基因工程培育而来，涉及分子技术、修改、重组或者将一种基因插入另一种基因等形式。同时还涉及 DNA 重组技术、两个物种之间的基因转移（在自然环境下不可能发生的基因转移），且同样适用于来自改性活体生物的衍生品种。

（3）杂交品种。杂交品种是指两个遗传基因组成不同的亲本杂交产生的第一代杂交品种、同一生物属物种或者不同生物属之间进行杂交得到的产物。

### 2. 保护主体和保护内容

首先进行对育种者权利的探讨。"育种者权利"中的"育种者"是指培育、发现或者发展出一个新植物品种的自然人、法人、机构、农民或者组织。

（1）育种者的权利。"权利"有以下几项：一是育种者在巴基斯坦有销售、营销以及向巴基斯坦出口或进口有性繁殖或者无性繁殖受保护品种材料的独占权；二是育种者有权改善或者增殖被保护品种的繁殖材料；三是如果一个品种与被保护品种具有实质性派生关系且被保护品种本身不是派生品种，其育种者同样有以上几种权利；四是品种育种人可以授权给他人，允许他人对受保护品种进行生产、出售、营销或者其他交易；五是育种人还可以对受保护品种进行储存；六是若无育种者的优先授权其他任何人不得对受保护品种进行上述行为；七是本法鼓励、促进育种人积极享有以上权利。

巴基斯坦政府还制定临时措施来保护品种权人自申请之日起到注册局授予证书这段时间内的权利。例如品种权所有者有资格向在此期间对其所申请受保护品种采取了商业行为的人员收取相应报酬。但一部分的版税将被收集存入国家遗传基因基金来维护国家的植物基因源。品种权证书一经发布，有关授权品种的任何商业行为都将属于品种权人的独享权利。

如果申请人在外国首次提出品种权申请之日起的 12 个月内又在巴基斯坦境内就该品种提出品种权申请，申请人可以依据《植物育种者权法》（2000）的有关规定享有该品种的优先权。如果优先权时限的最后一天是休息日，这种情况下植物育种者权注册局并不开放办理业务，那么将植物育种者权注册局开始上班的第一天作为申请人享有优先权的最后期限。优先权的实效性从申请人根据《植物育种者权法》（2000）申请品种权保护之日算起，关于权利要求书所需求的文档和其他条款应当在一定期限内完成，按照联邦政府在法规中所陈述的内容以及上述条例来实施其他的程序。

自申请人申请获得品种权证书起，该植物新品种就将被视为私有财产，但可以用书面申请进行转让。每个植物新品种权的转让都需要到植物育种者权注册局进行登记。在没有正式登记前，所有的第三方转让书都将被视为无效。当完成转让证书登记后，植物育种者权注册局会按照相关法规向社会公布品种权转让信息。

巴基斯坦联邦政府对于售卖授权品种也有相关法律条文的规定，卖家应具备出售授权品种的品种权证并且品种权证必须是真实的，不能出现假证书冒充的情况。或者，买家与卖家签订书面协议达成合法的合同交易来购买授权品种以及该授权品种种子。同时，卖家售卖授权品种种子的行为不能违反巴基斯坦《种子法》中的条例和程序。

巴基斯坦联邦政府还规定了品种权人可以对其权益进行放弃并且相关部门可以撤销品种权人的权利。依据《植物育种者权法》（2016）的有关规定，获得品种权证书的持有者可以在任何时间按照相关要求向植物育种者权注册局提交注意事项通知，表明自己放弃品种权证书所赋予的一切权利。

（2）权利限制。注册员有权对品种权证书做出撤销。在植物育种者权注册局授予申请人品种权证书的 12 个月内，与此有关的任何利益人都可以向注册员提出反对品种权证书的授予。利益相关人向植物育种者权注册局提供一个或者多个反对品种权证书授予的理由，并向注册员提交请求撤回品种权证书的申请。若该撤销涉及侵权或者诉讼案件，或者该证书在任一法院还未进行裁决，在其裁决完之前不得根据本法提交撤回品种权证书申请。

高等法院有权撤回品种权证书。任何与品种权证书有关的利益人的请愿书、联邦政府对于品种权证书的要求或者涉及侵权行为的反诉案件都可以根据本法进行审判，并且品种权证书可能因为一个或者多个反对理由而被植物育种者权注册局撤回。任何与撤销品种权证书有关的请愿书都应由植物育种者权注册局通知给上诉者、品种权证书所有者和利益相关人。

在此基础上，巴基斯坦联邦政府还对育种者的权利进行了其他限制。例如《植物育种者权法》（2000）给出了对于育种者权利的限制阐释与说明，首先品种权人的行为不能延伸至与授权品种相关的材料，其次未经所有人同意不能在巴基斯坦境内销售实质性衍生品种以及任何衍生于该品种的其他植物品种。但是仍在探讨进一步繁殖的植物品种，育种人向一个还未对该授权品种的基因以及物种进行授权保护的国家出口该植物品种都不属于限制范围，当然以最终销售为目的的出口行为除外。上述所说的植物品种包含植物品种任何类型的种子或者整个植物品种本身以及植物品种的一部分的收成。

虽然植物育种者权注册局会对品种权申请书中的具体内容进行保密处理，但保密权利是可以被品种权所有人放弃的。若社会公益需要时，巴基斯坦联邦政府可以通过出台法规来出版申请书中的所有内容或者一部分内容。

（3）农民、科研机构权利及特例。巴基斯坦联邦政府还在法律中明确列出了农民与科研机构的权利。在最新的植物育种者权法中增加了特例事项。对于农民在植物品种中的权利，巴基斯坦政府制定的《植物育种者权法》（2000）也给出了详细的规定，法律中的所有条例不影响农民传统的储存、使用、交换、分享或者售卖授权品种的农作物产品权，除去农民以品牌营销为基础出售授权品种的种子材料。同时巴基斯坦政府还规定了科研机构行为不构成侵权的情形，比如科研机构在未经品种权人同意的情况下进行了授权品种的培育，或者科研机构对授权品种进行善意的、有益的科学研究。只有在未经品种权人同意的情况下，科研机构对授权品种进行商业杂交才视为侵权。在《植物育种者权法》（2016）中，巴基斯坦联邦政府还列出了五项不予追究法律责任的行为。一是非以商业利益为基础的行为。二是以创造其他最初品种来源为目的的科学研究与植物育种行为。三是如果需要重复使用亲本材料品种进行商业新品种的研发，研究人员必须得到品种权人的授权。除该品种是受保护品种的衍生品种，那么育种人为种植其他植物品种而涉及的行为不受本法束缚。四是农民有权对植物品种进行储存、使用、播种、重新播种、交换、分享或者出售其农产品等。五是若农民没有遵守《种子法》（1976）和本法的要求有商业行为的便不能出售授权品种的种子。根据法规的特殊规定农民之间可以进行植物品种种子的交换。而当植物品种权受到法律保护后，可能会在种子行业造成垄断，这会大大提高种子的价格。农民不得不舍弃多次使用的保存种子的做法，这就导致农民不得不在市场上购买种子。受保护品种的所有者可以在出售的种子中收取版税，并且有权通过法律途径阻止侵权行为的发生。

**3. 强制许可证书**

（1）授予强制许可证书的条件。巴基斯坦联邦政府还对关于植物新品种权的强制许可证颁布、授予和其他细节做出了详细要求。虽然任何人都可以向联邦政府申请授予使用植物新品种的强制许可，但申请人还是要满足以下条件。一是申请人申请强制许可必须用于以多种方式拓展授权品种的商业价值。二是品种权人不同意强制许可申请人为了大众利益而繁育或者销售授权品种。三是在授权品种获得授权之日起三年后，巴基斯坦联邦政府才能授予申请人强制许可权。四是在巴基斯坦申请强制许可证的授权品种应当满足大量工程项目的需求。现今，巴基斯坦联邦政府最新制定的《植物育种者权法》（2016）又增加了几个授予强制许可证的条件。一是申请人申请强制许可证用于满足公众利益，特别是营养学或者医疗卫生对此有要求时注册员认为品种权证书所有者或者持证人对授权品种的开发行为是反竞争的行为。二是公众对种子或该品种的繁殖材料的合理需求没有得到满足或者该品种种子的价格过高导致公众难以购买。三是品种权证书所有者拒绝授予使用授权品种的权利给第三方，即使第三方有合理的商业请求和合理的条件。四是品种权证书所有者并没有使用其权利为科技的发扬、转换和宣传做出贡献。五是注册员可以在品种权证书期满三年后向委员会寻求意见，甚至可以在没有品种权证书所有者同意的情况下授予政府机构或者向植物育种者权注册局申请强制许可证的第三方权利，使其有机会行使该品种权证书所赋予的权利。同时在植物育种者权注册局发布决定时，该机构还会给品种权证书所有者和利益相关者一个举行听证会的机会。然而，强制许可证持有者对品种权证书所赋予权利的利用也受到授权人的限制，例如需要支付给品种权证书所有者恰当的报酬和重视经济价值。

如果申请人和授权品种所有人在版税上不能达成一致，将由植物育种者权注册局来制定版税的数额。虽然强制许可证有授予申请人执行该法案规定的合法行为的权利，但联邦政府有权利要求强制许可证持有者为满足市场需求做出合理的举措。

（2）强制许可证有效期。至于强制许可证的有效期限，巴基斯坦联邦政府在《植物育种者权法》（2000）中规定强制许可证的最长有效期为三年。而后更新的法案对期限进行了修改。如果强制许可证持有者未能遵循许可证中的条款和要求行动，将由联邦政府撤销强制许可证。以上要求对授权品种的实质性衍生品种同样有效（前提是授权品种本身不是实质性衍生品种）。现今，强制许可证的有效期将由植物育种者权注册局的注册员根据《植物育种者权法》（2016）的要求来决定，而不同品种的强制许可证有效期将由植物品种妊娠时期以及其他客观事实来决定。但一般来说强制许可证的有效期自许可证授予之日起不能超过五年。

（3）强制许可证的撤回。关于强制许可证的撤回，若申请人是依据《植物育种者权法》（2016）规定向植物育种者权注册局提出请求授予强制许可证的，那么一旦申请人的行为具有了侵害性，植物育种者权注册局将予以撤回。若强制许可证持有人的任何行为违反了强制许可证的条款、要求或者不能再满足公众利益，也将由植物育种者权注册局撤回证书。但强制许可证持有人有机会提交异议申请书并且举行听证会。申请人可以通过法律提出申请，持证人可以根据自己的意愿向注册局提出申请。在植物育种者权注册局向申请人提供一次听证机会后，注册员会根据公众利益把合适的条款和条件加入强制许可证之中并登记在册。

### 4. 植物新品种授权条件

（1）授权条件。巴基斯坦联邦政府制定《植物育种者权法》（2016）为植物品种的注册限定了条件。凡是要注册成为受保护品种的必须满足以下条件：植物品种具有新颖性、特异性、一致性、稳定性和具备命名的条件。

①新颖性：自申请人申请授权之日起，该品种繁殖材料经育种者许可在巴基斯坦境内出售或者销售未超过一年。若该品种是藤本植物、林木，经育种者许可出售或者销售未超过六年，其他植物品种则不超过四年。

②特异性：自申请之日起，如果一个品种有一个或者多个不同的可识别形态、生理特征或者其他不同的常识特点，则视该品种具有特异性。特别是申请授予植物品种权给该品种的另一品种或者申请人申请使另一品种也登记在册时，特异性便尤为重要。并且自申请之日起如果植物育种者权注册局发现申请品种与任一国家登记在册的品种有类似的共同属性，则视情况决定是否授予植物品种权证书。

③一致性：一致性是指一个植物品种的特性除可预期的自然变异外，群体内个体间相关的特征或者特性表现一致。

④稳定性：稳定性是指申请品种权的植物新品种经过反复繁殖后或者在特定繁殖周期结束时，其相关的特征或者特性保持相对不变。

⑤适当命名：对于相关品种的命名需要具备可以辨认该品种是什么，不能对他人造成误导，不能使植物新品种的特征、特性或者育种者的身份等引起他人误解等条件。同时对植物品

种的命名还不能违背法律、公共秩序和社会公德。

（2）适用物种。《植物育种者权法》（2000）还对该法所涉及的物种进行了详细说明。除去通过终止子技术或者其他相似科学技术得到的物种以及微生物，其他所有的通过有性繁殖或者无性繁殖进行繁衍的物种都属于本法适用范围。为了种子产业的持续发展，联邦政府会不时地更新该法所覆盖的生物属或者物种。这个品种无论是通过杂交、生物技术、诱变、选择性改变还是其他方式得来的，都不会影响它获取植物品种权资格和它的认定效力，并且这一植物新品种还不能对人类产生不良影响、不危害动植物健康以及社会福利。如果是转基因品种，则申请人需提供有关权威机构证书证明该品种不会对环境、社会、动植物健康和生物多样性造成不利影响。但是新法《植物育种者权法》（2016）并未对该法所适用物种的要求进行单独说明。

### 5. 保护期限

巴基斯坦联邦政府所制定的《植物育种者权法》（2000）明文规定，在授权品种的被保护年限方面，"自授予品种权保护证书之日起林木和藤本植物期限为 25 年，其他植物为 20 年"。早已注册并且向大众公布或者商业化的植物品种，但是并不符合品种权证书要求具备新颖性的，可以在《植物育种者权法》（2016）生效后的两年内向植物育种者权注册局申请授予品种权证书。证书一经发布，品种权证书的有效期限会根据该品种以前注册、证书发布、商业化和申请提交的时间进行递减。巴基斯坦联邦政府会制定法规收取恰当的费用。同时在《官方公报》中声明这些费用将用以维持本条例的实施、向申请人和大众提供服务。按照规定收取的费用将存入植物育种者权注册局用于维持该注册局的运作。此外，品种权人每年还需向植物育种者权注册局支付由巴基斯坦联邦政府规定的年费来维持机构的效力。如果品种权证书所有人没有按要求提交年费，注册员会按照法律规定向品种权证书所有者处以罚款。

## （二）申请与审批

### 1. 管理机构

根据《巴基斯坦知识产权组织法》（2012）的要求，联邦政府在国家食品安全与研究部门下建立了植物育种者权注册局。植物育种者权注册局的总部位于伊斯兰堡，还可以在不同省份分别设立地区办事处，其目的在于方便公民关于申请的办理。巴基斯坦食品安全与研究部门可以在巴基斯坦联邦政府的首肯下任命植物育种者权注册局的官员、员工、专家以及顾问等。法律还规定植物育种者权注册局有以下几个职能。一是根据法律具体条款和条件促进植物新品种权的保护。二是根据《植物育种者权法》（2016）的规定发布植物品种权证书。三是确保植物育种者权注册局对受保护品种的保护。四是通过合适的举措促进植物新品种的发展。五是管理受保护品种的特征和文档编制。六是收集植物品种的数据，对于包括任何人在任何时间内无论是否在巴基斯坦境内对植物品种的演变或者发展做出贡献在内的材料进行汇编和出版。七是为了方便执行职能可以采取所有必要措施。

植物品种咨询委员会是巴基斯坦联邦政府为有效管理植物育种者权注册局而成立的。植物品种咨询委员会成员包括政府官员和其他来自公共部门和私营部门的成员。植物品种咨询委员会在涉及科学技术方面的问题上给各个部门或者注册员提供建议。植物品种咨询委员会的秘书由一位职位不低于植物育种者权注册局局长的官员担任。委员会需按照法律要求完成其职能，当遇到技术领域难题时，委员会有资格选择该领域的相关技术人员协助其解决。植物品种咨询委员会在获得部门首肯后，有资格制定一些商业法规对他人商业行为进行约束。

**2. 注册申请**

（1）注册申请主体。根据《植物育种者权法》（2016）的规定，可以对新植物品种权进行注册申请的主体包括品种育种人、品种育种继承人、受育种人委托授权的代理人、品种的合作育种人、品种育种人的合法代理人、公共部门育种人以及雇用育种人的私营部门。并且植物品种所有者必须是拥有巴基斯坦国籍或者居住在巴基斯坦的自然人或者在巴基斯坦有注册机构的法人，如此才可以向植物育种者权注册局申请成为品种权人。

（2）注册申请要求。任何一个申请受保护的品种都应当有一个由申请人提供的合适命名并且附上申请者宣誓过的宣誓书，以宣告该品种不包含任何涉及终止子技术的基因或者基因序列。如果申请品种是转基因植物品种，则需要联邦政府国家生物安全委员会发布证书证明该转基因品种不会对环境、人类、动植物的生存与健康造成不利影响。同时申请人还需附上该植物品种派生于哪种亲本材料，地理位置是否在巴基斯坦境内，陈述基因材料的新颖性、系谱或者家谱，种植历史以及品种的附图或者照片等信息用以了解和评价植物的新颖性。如果该品种是由传统品种发展而来的需要附上公共部门、私营部门或者区域群落的授权证明和遵循基因、生物资源的相关法律的证明文件。申请人在申请品种权证书时还必须向植物育种者权注册局提交一份说明，该说明包含申请品种的简介，新颖性、特异性、一致性、稳定性以及符合受保护品种要求的内容。同时附件上应该有申请品种的基因文件和与申请品种来源于同一品种的其他品种之间有明显区别的特征。申请书提交给植物育种者权注册局后，申请人还需按要求缴纳一定的费用。若申请人是借助继承或者转让获得的申请权，那么他还需要提供相关证据来证明其确实有该权利。

有关反对保护授予的事项，法律也进行了简单的阐述：反对保护授予，即在申请公布后的 4 个月内任何人都有资格提交注意事项通知和反对证据给植物育种者权注册局并缴纳规定的费用。申请人可以在收到注册员有关事项通知的两个月内提交"反对申明"给植物育种者权注册局，若没有按照要求提交则视为申请人自动放弃申请。在申请人提交"反对申明"后，植物育种者权注册局会把申明寄给反对意见的提出者。在反对意见和申请提交后，植物育种者权注册局应当给申请人和反对者一次举行听证会的机会。

（3）实质性衍生品种。如果申请人申请的实质性衍生品种已经是联邦政府向植物育种者权注册局规定的品种，那么申请人必须按照《植物育种者权法》（2016）关于该实质性衍生品种的相关规定进行申请，并将"品种"替换为"实质性衍生品种"、缴纳相关费用和文件。在植物育种者权注册局收到申请人按规定填写的申请书后会对该实质性衍生品种进行检查以确定该实质性衍生品种是否从原始品种衍生得来。当注册员得到检测结果，确定该实质性衍生品种是从原始品种派生而来后，便可以授予品种育种人品种权的证书，反之则不授予证书。实质性衍生品种所有人需要在得到原始品种育种人的授权后才可以向植物育种者权注册局申请品种权保护。

**3. 注册程序**

（1）登记注册证。《植物育种者权法》（2000）规定了品种权证书必须由品种所有人或者品种所有人的法定代表人提出申请，要用乌尔都语或者英语写成书面申请书附上申请人本人的签字，然后缴纳法律法规中规定的申请费用。如果申请书符合了该法的申请要求，植物育种者权注册局收到申请人缴纳的费用后便可以进行申请书的存档。植物育种者权注册局之后将对申请书进行审查、品种权认定的推却与再议以及在品种测试通过后发放品种权证书。植物育种者权注册局在对品种进行认定之前，所有申请者都有资格获得品种权。如果两个或者多个人分别培育出同样的新品种并申请品种保护权，那么最早申请的人可获得品种权人的资格。

（2）品种权证书发布。品种权证书将以巴基斯坦伊斯兰共和国主席的名义发布，证书上还有植物育种者权注册局局长的亲笔签名。植物育种者权注册局会把品种权证书登记在册，在工作时间对社会公众开放展示。在《官方公报》中还会公布品种权证书发行声明。巴基斯坦联邦政府决定品种权申请人缴纳发行品种权证书费用的金额。植物育种者权注册局会在品种权证书上附对受保护植物品种的形状描述。品种权人若要维护植物品种、品种的遗传组成以及其他相关事项，则需要在规定的期限内向植物育种者权注册局或者其他权威机构提供可以验证品种维护度的信息、文档或者材料。如果品种权人的任何权利由于植物育种者权注册局拒绝发布品种权证书或者注销其品种权证书、宣布品种权证书无效而被侵犯，品种权人可以在60天内向有关法院提出诉讼。

在授权证书发放之后，品种权证书所有人若想修改对授权品种的描述，应当依据《植物育种者权法》（2000）的相关规定在申请书存档日期起的6个月内对申请书中所陈述的内容进行更正和补充，这样的修改是不需要支付费用的。

《植物育种者权法》（2016）还补充到，由于会有相关文件以及品种权证书的邮寄，非巴基斯坦居民的品种权证书所有者需要提交的信息必须包含法人或者自然人的姓名与地址。

**4. 利益分享**

在申请人收到品种保护权证书后，注册员会向公众公布证书内容并且按照该证书要求的方式邀请申请人履行受保护品种的利益分享权利要求书的内容。在权利要求书生效后，任何个人、群体、公司、政府或者非政府组织都应在一定期限内依据利益分享权利要求书条款缴纳对相关品种的使用费。无论是否为巴基斯坦公民或者是否为在巴基斯坦境内建立的公司，政府组织或者非政府组织都必须遵守利益分享权利要求书的规定。植物育种者权注册局的注册员还会将利益分享权利要求书的复件寄给品种权人。品种权人如果对该利益分享权利要求书有反对意见，可以在规定时间内向注册局提出反对。注册局会通过举行听证会的方式来处理反对意见。注册员还会向品种权人明确指出利益分享权利要求书所涉及的金额数。

法律还规定了原告应当斟酌以下事项。一是原告使用遗传材料的程度和性质以及发展品种都受利益分享权利要求书的影响。二是授权品种的商业利用和市场需求也受利益分享权利要求书的影响。三是利益分享权利要求书中所涉及的金额按照《植物育种者权法》（2016）的规定应当由育种者缴付。而利益分享权利要求书中规定的金额都由注册员依据法律规定和相关资料予以决定。

## （三）侵权与诉讼

根据《植物育种者权法》（2016）的规定，任何侵犯了本法法律条款的行为都将被视为侵权行为。包括任何人在没有得到合法授权前就对受保护品种进行实质性衍生品种的生产或者以商业利用为目的进行杂交育种。所有受本法保护的品种在被侵权后都要按照法律规定进行维权。任何与法律所保护品种权利有关的案件都必须交予高于地区法院且拥有相关审判权利的法官审理。

### 1. 诉讼救济

任何一个法院审判侵权案件时，都需参照《植物育种者权法》（2000）和《植物育种者权法》（2016）的相关规定授予原告救济，遵循原告意愿，选择给予损害赔偿金或利润份额。审判顺序应按照披露文件，保留关于被侵权品种的文件和其他与该诉讼案件有关的证据，法院认为必要的向被告人追要损害赔偿金、费用或者其他金钱补救方法，最终所有金额交予原告人进行。具有司法管辖权的法院，对该品种权证书所有人做出的裁定需对其有适当的补救作用。在任何情况下，法院都可以授予品种权证书所有者与厉损失金额相当的赔偿金。任何人若有违反本条款规定的行为出现，法院都将按照规定对其处以罚款。若品种权人在向拥有品种权侵权司法管辖权的法院起诉后，法院根据法规判定品种权人胜诉，那么品种权人将得到合理的赔偿费。同时，法院还会发布禁令来防止被告人对授权品种做出更多的侵权行为。情节严重的，法院将判决被告人缴纳惩罚性赔偿以及支付律师费用。对于其他违反本法律或本条例的犯罪行为，法院会按照要求进行罚款。

对于植物品种权所有的保护行为都应该以诚信善意的原则进行。任何案件、起诉或者其他法律诉讼都不应该有欺骗巴基斯坦联邦政府、政府部门或者代表巴基斯坦联邦政府的工作人员的行为出现。任何根据本条例所制定的法规、条例、方案或者法令都应该遵循诚信善意的原则。

在根据巴基斯坦《民事诉讼法》（1908）处理以下事项的法律诉讼中，注册员所做出的判决具有民事法庭效力：一是召集或者强制某人出席并审核他的宣誓；二是索要任何关于新品种如何发现以及生产的文件；三是收取宣誓书证明；四是发布检验证人或相关文件真实度的委托书；五是出具奖励费用。

### 2. 侵权诉讼的时间限制和侵权通知

对于侵犯品种权证书所赋予品种权人的权利的诉讼案件必须在三年内由法院裁决完毕。在原告向被告提出实际或推定通知之前，法院不得对被告所涉及的侵权行为进行评估或者告知被告人该品种是受保护品种。推定通知可以在受保护品种的容器上标记或者以其他合适且可见的方式进行标注。

任何人如对植物育种者权注册局或者法院决定有异议，可以在该决定公布的六十天内向拥有该司法管辖权的高等法院提出上诉。

## （四） 评价分析

首先，巴基斯坦联邦政府对植物新品种及品种权人的保护进行细化与升级，明确各个相关部门及负责人的职责，完善了知识产权保护体系。自《植物育种者权法》（2000）生效后的十多年间，巴基斯坦联邦政府总结了《植物育种者权法》（2000）在本国的实践经验并结合国家现阶段的实际情况，于2016年正式出台了《植物育种者权法》（2016）。新法是在原有法案上的升华与提炼，细化了关于受保护植物新品种的要求、农民与科研机构的特权、品种权人的权责及侵权处理方式，明确了植物育种者权注册局的职能与权利、注册员的职责及植物品种咨询委员会的组成与功能，加大了植物品种权保护的执行力度，增强了可行性，改善了巴基斯坦植物品种权保护的运作体系，也进一步完善了巴基斯坦知识产权保护体系的构成。品种权法律的出台也对巴基斯坦现行种子市场中所存在的垄断、种子质量不合规等问题进行了处理，优化了整个市场构成与氛围，也为发展整个巴基斯坦农业生物多样性做出了建设性贡献。

然而，巴基斯坦对于植物新品种及品种权人的保护仍旧不够重视。虽然巴基斯坦联邦政府新出台了法律来维护授权品种与育种人的权利，但政府并未于巴基斯坦知识产权官方网站之中增补新法案，世界知识产权官方网站也未收纳《植物育种者权法》（2000）及《植物育种者权法》（2016）。巴基斯坦由于其农业国的特殊国情并未加入UPOV，但法案中对于新品种的要求都是直接套用《国际植物新品种保护公约》（1991）的相关条款，没有根据自己国家的国情与育种者的实际情况进行改动。同时，我们也很难在网络中找到有关品种权保护的案例以及实施效果，关于品种权保护方面的评价与论文也少之又少。这可能是因为《植物育种者权法》（2016）仅实施不到一年，还未能在巴基斯坦起到其应有的效力，未进入大众的视野。巴基斯坦联邦政府应加大宣传力度，提高本法的使用效率。

最后，巴基斯坦联邦政府出台的新植物育种者权法难以完成吸引外国企业在境内投资的目的。两部品种权法律中规定植物品种所有者必须是拥有巴基斯坦国籍或者居住在巴基斯坦的自然人及在巴基斯坦有注册机构的法人。两部法律中关于外国企业投资技术保护方面的内容基本没有涉及，也没有相应的优惠政策，这就很难吸引外国企业在巴基斯坦境内就植物品种进行资本投资。巴基斯坦联邦政府想通过允许品种权人向售卖其种子的个人或者机构收取税费，以此保护品种权人权利不受侵害。此外，政府还积极鼓励公共部门和私营部门的育种者和种子组织，加大在植物育种、蔬菜开发、观赏作物新品种培育等方面的研究投资。但是，仅以这两点来吸引外国公司进行资本与技术投入是远远不够的。若巴基斯坦联邦政府想要真正实现获取外国受保护的新植物品种及新植物育种技术，吸引外国企业投资，还需进一步弥补法律中的不足与疏漏，制定明确的法规对外国进口品种及技术进行保护。如有必要，还可以附上相应的优惠政策吸引外来投资。

# 第六章

其他类型知识产权保护

## （一）外观设计

在日常语言中，工业设计通常指产品的整体形式和功能。对于企业来说，设计产品通常是指"产品的功能和美学特征"，例如产品的可销售性，涉及制造成本或易于运输、储存、修理和处置等问题。然而，从知识产权法的角度来看，工业设计与产品的装饰或审美有关。虽然产品的设计可能具有技术或功能特征，但工业设计作为知识产权法的一个类型，指成品的审美性质，与技术或功能方面的关系不大。

在巴基斯坦，关于工业品外观设计的注册和保护的现行法律为《外观设计法》（2000）。该法案于2000年7月由巴基斯坦法务人权和议会事务部颁布实施。

## 1. 保护要件

（1）定义及范围。根据《外观设计法》（2000）第 2（e）条的规定，"设计"是指任何工业方法或手段展示于物品的形状、构型、图案或装饰物的特征，并且是成品的特征，但不包括受技术和功能影响的形状或配置的构造、特征等，是对产品的形状、图案、色彩的结合所做出的富有美感并适于工业应用的产物。外观设计是指工业品的外观设计，也就是工业品的式样。

工业产品外观形状是指对产品造型的设计，也就是指产品外部的点、线、面的移动、变化、组合而呈现的外表轮廓，即对产品的结构、外形等同时进行设计、制造的结果。工业设计与各种工业和时尚产品相关，包括技术和医疗仪器、手表、珠宝、家用产品、玩具、家具、电器、汽车和建筑结构、纺织设计、运动器材等。工业设计在包装、集装箱和产品的"起步"方面也很重要。

可以构成外观设计的组合有：产品的形状；产品的图案；产品的形状和图案；产品的形状和色彩；产品的图案和色彩；产品的形状、图案和色彩。

工业产品外观图案是指由任何线条、文字、符号、色块的排列或组合而在产品的表面构成的图形。产品的外观图案应当是固定、可见的，而不应是时有时无的，或者需要在特定的条件下才能看见。

工业产品的色彩是指用于产品上的颜色或者颜色的组合，制造该产品所用材料的本色不是外观设计的色彩。产品的色彩不能独立构成外观设计，除非产品色彩变化的本身已形成一种图案。

作为一般规则，工业设计包括以下特征：三维特征，如产品的形状；二维特征，如产品的装饰、图案、线条或颜色；一个或多个此类功能的组合。

（2）商业应用价值。企业经常投入大量的时间和资源来增强产品的设计吸引力。新的和原始的设计在商业上的价值通常表现在以下几个方面。

定制产品以吸引特定的细分市场。对某些产品（例如鞋子）的设计进行小的修改可能使其适合不同的年龄、组织、文化或社会团体。虽然鞋子的主要功能保持不变，但儿童和成人在设计上通常会有非常不同的风格。例如，在巴基斯坦，舒适的Chappal定制品专门为温暖的热带天气而设计。

创造新的市场价值。在竞争激烈的市场中，许多公司力求通过为其新产品引入创意设计来创造利基市场，以区别于竞争对手，从而产生新的市场价值。

加强品牌创造。创意设计往往与独特商标相结合，增强公司品牌的独特性。许多公司通过强调产品设计来成功地创造或重新定义品牌形象。

工业设计可为产品增添价值。它使产品具有吸引力，吸引客户，甚至可以成为其独特的卖点。所以保护有价值的设计，是所有设计师或制造商的商业策略的关键部分。通过在专利局的注册来保护工业品外观设计，业主获得专有权，防止其他人未经授权的复制或仿制，有助于提高企业的竞争力，并且通常以以下一种或多种方式实现相应的效益：通过注册设计，企业可以防止它被竞争对手复制和模仿，从而增强竞争地位；注册有价值的设计有助于在创造和营销相关产品方面获得公平的投资回报，从而提高利润；工业设计是可以提高公司及其产品的商业价值的商业资产，设计越成功，其对公司的价值就越高；受保护的设计也可能被许可（或出售）给他人收取费用，通过许可，企业可以进入原先无法投放的市场；工业品外观设计的注册鼓励公平竞争和诚实的贸易行为，反过来又促进生产各种美观的产品。

（3）保护范围和时间。外观设计专利权的保护范围以表示在图片或照片中的该外观设计专利产品为准，简要说明可以用于解释图片或者照片所表示的该产品的外观设计。对单纯形状或图案的设计，其保护的范围仅是产品的图案或形状。

巴基斯坦《外观设计法》中对通过技术功能设计进行了限定：设计不能存在于仅由技术功能限定的产品外观特征中；设计不能存在于产品外观特征中，该特征必须按照精确的形式和尺寸再现，才能使包括该设计在内的产品能被包含在、机械连接到、放置在另一产品上或者其周围，以使这两个产品实现功能特性。

注册的外观设计应自申请之日或者优先权日起 10 年。保护期满后可以续展两次，每次可续展 10 年。

当工业品外观设计受到注册保护时，业主被授予防止第三方未经授权复制或模仿的权利。这包括排除第三方进口、销售或提供出售或租用任何产品或代表设计的产品的权利，这些产品是与注册设计完全相同或相似的副本。假设企业设计了一款具有创新设计的鞋，并在专利局注册，因此获得了拥有该设计的鞋子的独家权利。这意味着，如果企业发现竞争对手正在制造、销售或进口具有相同或基本相同设计的鞋子，可以通过法律保护手段阻止他使用该设计，并可获得赔偿，因为其未经授权使用该项设计。所以，虽然企业不能阻止竞争对手制造有竞争力的产品，但是可能会阻止对方制造出同样的产品。

传统意义上，外观设计保护的对象涉及制造产品，如鞋子的形状、耳环的设计或茶壶上的装饰。然而，在数字世界中，一些国家的保护措施逐渐扩展到其他一些产品和类型的设计中，包括计算机代码、字体、计算机显示器和移动电话上的图形显示等。

**2. 申请与授权**

（1）申请条件。根据《外观设计法》（2000）的规定，符合以下条件的可以到专利局注册外观设计。

一是新颖性。新颖性是指与以前已有的设计相比，其具有突出的实质性特点和显著的进步性。设计必须是"新的或原始的"。如果在提交日期之前没有向公众提供相同的设计或申请注册，则设计可能被认为是新的。

二是独创性。外观设计的新颖性与发明专利的新颖性的要求基本一致，它是指外观设计与现有设计或者现有设计特征的组合相比，应当具有明显区别。如果设计是由设计师独立创造，而不是现有设计的副本或模仿品，则该设计可能被认为是原始的独创设计。

三是尚未被公开。在法律允许的宽限期之前，在世界上任何地方都未公开该设计方案。

巴基斯坦联邦政府规定，不得注册违反公共秩序或道德的设计。是否申请设计保护，主要取决于该产品的技术或功能，根据不同的情况，可以通过设计进行保护，也可以通过其他知识产权（例如专利）进行保护。

（2）申请步骤。巴基斯坦注册工业设计的程序如下。

形式审查。专利局通过审查申请来确保申请符合行政要求（例如，包括所有相关文件和已支付申请费用）。申请号码（官方收据）应当在 30 天内发出。

实质审查。通常在申请日起 6 个月内对申请进行实质审查。检查结果以书面形式发送给申请人（或其律师），以便申请人可以回应和删除任何提出的异议。

登记证。申请人在审查后没有提出反对意见或者申请人成功移除异议的，表示设计注册成功，并发放登记证。

工业品外观设计的注册过程通常需要 8～12 个月或更长时间，具体耗时取决于申请人对设计审查员提出的反对意见所作的回应。申请人需等待 7 个月（获得延期），才能回应官方的反对意见。注册的各个阶段及其可能的时间框架如图 6-1 所示。

注册设计的实际成本非常低。设计中唯一的官方费用为注册费，450 卢比；续期费，750 卢比。

如果申请人选择依赖专家建议来提交申请，那么与 IP 代理商的服务相关的费用也将由申请人支付。如果申请人在国外保护工业设计，可能会产生关于翻译的成本费用。

巴基斯坦对外观设计专利申请实行审查报告制。在初步审查过程中，审查员会针对申请文件中的形式问题发出补正通知书。申请人针对该通知书做出补正。同时审查员会针对是否属于外观设计专利保护客户进行审查，若存在不属于外观设计专利保护客户的，审查员将发出审查意见通知书，申请人针对该

```
                ┌──────────────┐
                │   提交申请文件   │
                └──────────────┘
   ┌──────┐            │
   │ 30天 │            ▼
   └──────┘    ┌──────────────┐
                │   获取申请号码   │
                └──────────────┘
   ┌──────┐            │
   │ 6个月 │            ▼
   └──────┘    ┌──────────────┐
                │    形式审查    │
                └──────────────┘
   ┌────────┐          │
   │ 1+6个月 │          ▼
   └────────┘  ┌──────────────────┐
                │  回复审查报告/听证会  │
                └──────────────────┘
        ┌────────────┴────────────┐
        ▼                          ▼
  ┌──────────┐              ┌──────────┐
  │   接受    │              │   拒绝    │
  └──────────┘              └──────────┘
        │                          │
        ▼                          ▼
  ┌──────────┐              ┌──────────────┐
  │ 发放登记证书 │              │  上诉最高法院   │
  └──────────┘              └──────────────┘
```

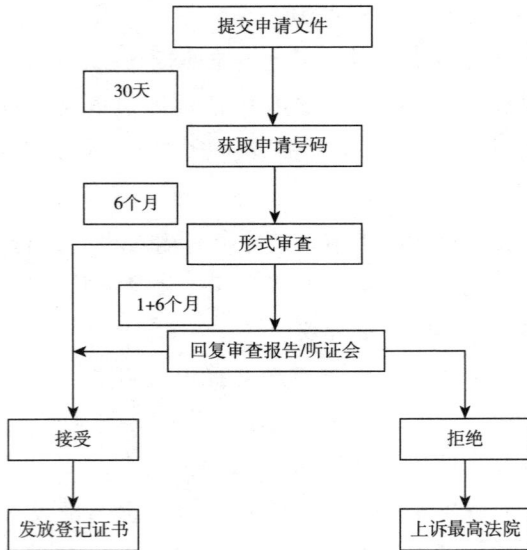

**图 6-1　注册所需程序和所耗时间**

审查意见通知书进行答复或者对申请文件进行修改。

在通过初步审查后，审查员会发出授予外观设计专利权通知书。申请人在接到授予的专利权通知书之后，需要办理以下登记手续：在规定的期限内缴纳专利登记费、授权当年的年费、公告印刷费以及专利证书印花税。申请人在办理完登记手续之后即可获得专利证书。此段时间为 2~3 个月。

（3）申请材料。在巴基斯坦，工业品外观设计必须根据《外观设计法》（2000）进行注册，以便受到保护。注册工业品外观设计，应向专利局提交规定表格。根据《版权法》（1962）

的规定，设计中的版权可以根据设计法进行注册。

外观设计专利需要提交的文档资料包括：产品样品或图片；提供按要求绘制的图片；申请人需要签字；每个申请须提供清楚的申请人名称、详细地址、电话、邮编、设计人名称等材料。

提交图纸的，应当均提交图纸；提交照片的，应当均提交照片，不得将图纸或照片混用。如对图纸或照片需要说明，应当提交外观设计简要说明。委托专利代理机构的，应提交委托书。申请费用减免的，应提交费用减免请求书及相应的证明文件。

（4）国际分类检索。为便于检索，将工业品外观设计进行分类。申请人可能会被要求在申请表中提及申请人打算使用的有关设计的产品类别。许多国家使用"国际专利法"中的分类方法。对工业设计而言，巴基斯坦并没有使用这种分类方法。巴基斯坦目前使用的分类制度是以该设计组成的材料为基础的。根据这一制度，一类设计是以材料为基础而不是由产品的性质确定的。例如，一把木椅子不能用其他由钢制造的椅子分类，而应按木制品分类。对于国际申请，可以访问以下链接：www. wipo. int/classifications/en/locarno/about/。

### 3. 海外工业设计保护

如果企业打算出口带有原始设计的产品，或打算将此类产品的制造、销售或出口许可证发给外国其他公司，应考虑在这些国家保护其设计，以享受同样的保护效益。

工业设计保护是具有区域性的。这意味着工业设计保护一般限于所注册设计的国家或地区。因此，如果企业希望在出口市场获得工业设计保护，必须确保在特定国家运用保护措施。

从企业在第一个国家申请保护的日期起，有 6 个月的时间，要求在其他国家或地区申请设计保护的优先权。一旦超过时间，企业将无法在国外申请设计保护，该设计将不再被视为具有新颖性。在国外保护工业设计有以下三种方式。

政府渠道（The National Route）。企业可以通过各个国家的知识产权局申请保护。这个过程可能相当麻烦且成本昂贵，因为通常需要翻译成所申请国家的语言，并支付行政费用。

区域路线（The Regional Route）。如果企业希望在区域性的多个国家获得工业设计保护，可以在有关区域知识产权局提交单一申请。区域知识产权局包括：非洲区域工业产权局（African Regional Industrial Property Office），为在英语非洲国家进行工业设计申请服务；比荷卢设计事务所（Benelux Designs Office），提供比利时、荷兰和卢森堡的工业设计注册申请服务；欧盟内部市场协调办公室（Office for Harmonization in the Internal Market），提供欧盟国家的工业设计注册申请服务；法语国家非洲国家组织（Organisation Africaine de la Propriété Intellectuelle），在法语非洲国家提供工业设计注册申请服务。

国际路线（The International Route）。希望在几个国家即在国际上登记其设计的企业，也可以使用由 WIPO 管理的条约提供的《工业品外观设计国际保存海牙协定》（Hague Agreement Concerning the International Deposit of Industrial Designs，简称《海牙协定》）所规定的程序。来自《海牙协定》成员国的申请人可向 WIPO 提交单一国际申请，该条约的成员国的权利人将受到保护。该条约为申请人提供了一个更简单和费用更低的机制，用于在各国申请工业品外观设计注册。有关《海牙协定》

的全面信息，包括成员国名单和申请表，可以访问 WIPO 网站：www. wipo. int/hague/。

但是，巴基斯坦尚未成为《海牙协定》的成员。而企业在海外注册工业设计时，可以通过海牙体系的成员或任何其他多边条约来进行。可参考国际工业品外观设计通行程序，并通过国际路线提交申请，或咨询知识产权律师。

**4. 侵权与诉讼**

（1）侵权判定。在与外观设计产品相同或者相近种类产品上，采用与授权外观设计相同或者相近似的外观设计的，应当认定被诉侵权外观设计落入外观设计专利的保护范围。

进行外观设计侵权判定，应当用授权公告中表示该外观设计的图纸或者照片，与被诉侵权外观设计的图纸或者照片进行比较，而不应以专利权人提交的外观设计专利产品实物与被诉侵权外观设计进行比较。

外观专利侵权判定标准如下：

①进行外观设计侵权判定，应当通过一般消费者的视觉进行直接观察对比，不应通过放大镜、显微镜等其他工具进行比较。但是，如果表示在图片或者照片中的产品外观设计在申请专利时是经过放大的，则在侵权比对时也应将被控侵权产品进行相应放大。应当首先审查被诉侵权产品与外观设计产品是否属于相同或者相近种类产品。

②根据外观设计产品的用途（使用目的、使用状态），认定产品种类是否相同或者相近。确定产品的用途时，可以按照下列顺序参考相关因素综合确定：外观设计的简要说明、国际外观设计分类表、产品的功能以及产品销售、实际使用的情况等。

如果外观设计产品与被诉侵权外观设计产品的用途（使用目的、使用状态）没有共同性，则外观设计产品与被诉侵权产品不属于相同或者相近种类产品。

③判定是否侵犯外观设计专利权，应当以是否相同或者相近为标准，而不以是否构成一般消费者混淆、误认为标准。应当以外观设计专利产品的一般消费者的知识水平和认知能力，判断外观设计是否相同或者近似，而不应以该外观设计专利所属技术领域的普通设计人员的观察能力为标准。判断外观设计是否相同或近似时，不应以外观设计创作者的主观看法为准，而以一般消费者的视觉效果为准。一般消费者的知识水平是指，他通常对外观设计专利申请日之前相同种类或者相近种类产品的外观设计及其常用设计手法具有常识性的了解。对外观设计产品的一般消费者的知识水平和认知能力做出具体界定时，应当针对具体的外观设计产品，并考虑申请日之前该外观设计产品的设计发展过程。

④判断外观设计是否构成相同或相近时以整体观察、综合判断为原则，即应当对授权外观设计、被诉侵权设计可视部分的全部设计特征进行观察、对能够影响产品外观设计整体视觉效果的所有因素进行综合考虑后做出判断。下列情形通常对外观设计的整体视觉效果更有影响：相对于其他部位产品正常使用时容易被直接观察到的部位；相对于外观设计的其他设计特征外观设计区别于现有设计的设计特征。

⑤被诉侵权设计与授权外观设计在整体视觉效果上无差异的，应当认定两者相同；在整体视觉效果上无实质性差异的，应当认定两者构成相近。

（2）诉讼。知识产权律师可以提供对模仿者、侵权者和造假者采取法律行动的可能性的信息，并就如何解决争议提供建议。

当权利人认为存在侵权行为时，首先可以选择通过律师发送通告，通知所涉侵权人可能存在侵权行为。同时也可以采取以下措施。

①根据《外观设计法》（2000）第 8 条提出诉讼，向法院寻求禁令或指令，以追回损害赔偿金，并针对持续的侵权行为提起禁令，法院一般发出命令限制侵权人使用侵权商标，直到案件判决。

②根据《外观设计法》（2000）第 27 条规定，可采取行动，追究侵权人员的违法行为，可处两年监禁或罚款，或两者兼具。

③在某些情况下，处理侵权行为的有效途径是通过仲裁或调停。仲裁通常具有比法庭程序更简单、时间更短和费用更低的优点，仲裁裁决更容易执行。调解的优点是双方保留争议解决程序的控制权。在巴基斯坦，仲裁根据 1940 年的《仲裁法》规定执行。有关仲裁和调解的更多信息，可访问 WIPO 仲裁与调解中心网站：www. arbiter. wipo. int。

## （二）集成电路布图设计

巴基斯坦为《世界贸易组织协定》和《与贸易有关的知识产权协定》的签署国，为符合上述两个协议的规定，巴基斯坦联邦政府于 2000 年 9 月颁布实施了《集成电路布图设计法》，通过对集成电路布图设计在法律上采取相关措施予以保护，为半导体集成电路的发展提供保障，以消除国际贸易的障碍和壁垒，对知识产权进行有效保护，提升巴基斯坦技术发展水平。

**1. 保护要件**

（1）集成电路布图设计的定义。"集成电路"是一种微型电子器件或部件。采用一定的工艺，把一个电路中所需的晶体管、电阻、电容和电感等元件及布线互连一起，制作在一小块或几小块半导体晶片或介质基片上，然后封装在一个管壳内，成为具有所需电路功能的微型结构。

"布图设计"是根据微电子技术电路及其制造工艺的要求进行的掩模设计。布图设计一般包含布局（电路元件、器件的安置）和布线（电路元件、器件的互连）两个相互关联的设计步骤。布图设计的主要任务是按给定的制造工艺条件，完成电路元件、器件的布置和元件间必需的互连，以保证：芯片有较高的布图密度；互连符合元件、器件的电学性能要求（如负载能力等）；互连产生的寄生效应的影响（如连线寄生电容等）在设计要求允许范围以内并考虑设计制造周期、设计正确性验证和设计成本等。

（2）保护的对象。一个布图设计应该被认为具有独创性，即该布图设计是创作者自己的智力劳动成果，并且集成电路的布图设计在创作时不能让其他创造者和制造商知晓。如果组合采取整体符合分段规定的条件，由组合元素和互连组合组成的布图设计是被保护的。

（3）保护的内容。布图设计受保护的权利应该属于布图设计的设计者，参与布图设计的部分人也同样享有相同的权利。

当布图设计已经设计完成时，执行委托或者雇佣契约时，布图设计被保护的权利应该属于被委任工作的人或雇员，相反缺乏合同规定的人不享有此权利。

布图设计受保护的权利应该是可转让的或可指定继承的。布图设计保护权不得取决于是否将包含注册布图设计的集成电路纳入保护。

集成电路布图设计对所有权人的以下行为进行保护。

①复制，指重复制作布图设计或者含有这个集成电路布图设计的行为。

②贸易进口，以商业为目的销售或者以其他方式提供受保护的布图设计或者含有该集成电路的物品的行为包含在非法复制布图设计内。

出现下列行为则不能享有受集成电路布图设计保护的权利：以评价、分析、研究、教学等私人目的出售已注册的布图设计的复制品；建立在类似分析、评估的基础上合并在布图设计法案中受保护的集成电路布图设计。任何关于注册布图设计的行为，或就集成电路而进行的已被保护的布图设计，需要经过权利持有者或权利人的同意才可投入市场。

任何涉及非法复制集成电路布图设计或包含这种集成电路任何物品的任何行为，在不知道它包含了非法重现的布图设计的情况下执行或者命令收购此类集成电路或集成此类集成电路时，在该人已得知布图设计是非法复制之后，该人可以在并且仅能在该时间之前订购投票并可执行上述行为，否则有责任向权利持有者支付合理使用费等款项，例如根据这种布图设计自由谈判支付费用。第三方独立做出的布图设计同样享有布图设计受保护的权利。

（4）更改受保护的布图设计的所有权。任何受保护布图设计所有权的变更均须以书面形式做出申请。一旦布图设计已经注册，根据任何有关方的请求，向专利局提交的所有权变更应由专利局记录和公布。

（5）撤销权。任何人均可基于以下理由申请撤销布图设计的注册：布图设计不能根据布图设计法案予以保护；权利人无权享受保护；在提交注册申请之前，布图设计在世界上任何地方都没有被商业利用。

如果取消的理由仅针对布图设计的一部分确定，则只取消注册的相应部分。取消布图设计的注册的申请，须以书面形式提交区域法院，该项请求须述明其所依据的理由。任何被取消的布图设计注册或其一部分，自保护开始之日起视为无效。

（6）集成电路布图设计保护的期限。布图设计专有权的保护期为 10 年，自布图设计登记申请之日或者在世界任何地方首次投入商业利用之日起计算，以较前日期为准。

**2. 申请程序**

（1）管理机构。集成电路布图设计的管理机构为专利局。

（2）申请条件。集成电路指半导体集成电路，即以半导体材料为基片，将至少有一个是有源元件的两个以上元件和部分或者全部互连线路集成在基片之中或者基片之上，以执行某种电子功能的中间产品或者最终产品。它是微电子技术的核心、电子信息技术基础；广泛应用于计算机、通信设备、家用电器等电子产品；具备集成性、整体性及工艺严格性。

（3）申请文件构成。每个集成电路布图设计都必须载入专利局设立的"专利注册簿"，其中包括布图设计首次商业开发的编号、名称、申请日期及实施日期，以及权利持有人的姓名及地址及其他订明费用。任何人在缴付订明费用后，可查阅专利登记簿的相关记录并取得其摘录。

（4）外国人申请的相关事项。如果申请人居住地在巴基斯坦境外，应由其居住在巴基斯坦并在巴基斯坦执业的法律代表进行申请。

（5）申请流程。申请布图设计专利需要向专利局提交一份书面的申请。每一个布图设计都应该提交各自的申请。申请布图设计专利时需要提交一份证明该布图设计从未被商业利用或者该布图设计已被商业利用但未超过两年的材料。

申请材料包括：一份关于注册布图设计的委托说明和一份简短精确的指定说明；在申请里标明名字、住址、国籍，如果有不同的地址填常住的住址；申请人可委托律师作为代理人；申请人须提交布图设计图和集成电路样本的副本，以及集成电路的电子功能的信息，但是申请人可以省略集成电路的制造方式，只需要提供部分就足够；专利局支付规定的费用；指定世界上某地第一次商业开发布图设计的日期；确定布图设计保护权的细节。

（6）缺陷修改。专利局应当告知应用程序缺陷，要求申请人在规定的时限内进行必要的修正。如果缺陷在规定的时限内没有得到纠正，则该申请应被视为没有提交。

**3. 侵权与诉讼**

（1）侵权的界定。关于集成电路布图设计侵权的判定方法，可以参考著作权法对作品保护的判定原则。由于集成电路布图设计表现形式近似于著作权法对产品设计图的规定，对布图设计的保护不及设计原理，主要保护的是布图设计的表现形式。

因此，与专利对产品设计的结构及连接方式需要考虑设计原理不同，它更接近作品的表现形式。侵害集成电路布图设计专有权的行为包括两种：一种是对受保护的布图设计的全部或者其中任何具有独创性的部分进行复制的行为；另一种是将受保护的布图设计、含有该布图设计的集成电路或者含有该集成电路的物品加以商业利用的行为。

（2）诉讼。违反《集成电路布图设计法》（2000）有关规定的纠纷案件，须向区域法院提交诉讼。若违反联邦政府相关决议，应该到高级法院上诉，从违反的时间算起需要在两个月内提交。

# 参考文献

［1］《巴基斯坦知识产权组织法》（2012）（*Intellectual Property Organization of Pakistan Act*，2012）。

［2］《专利法》（2000）（*Patents Ordinance*，2000）。

［3］《专利保护条例》（2003）（*Patents Rules*，2003）。

［4］《专利修订法案》（2016）（*Patent Amendment Act*，2016）。

［5］《巴基斯坦商标法》（2001）（Pakistan Trade Mark Ordinance，2001）。

［6］《巴基斯坦商标条例》（2004）（Pakistan Trade Marks Rules，2004）。

［7］《巴基斯坦版权法》（1962）（Pakistan Copyright Ordinance，1962）。

［8］《巴基斯坦版权条例》（1967）（Pakistan Copyright Rules，1967）。

［9］《植物育种者权法》（2000）（Plant Breeders' Rights Ordinance，2000）。

［10］《植物育种者权法》（2016）（The Plant Breeders' Rights Act，2016）。

［11］《外观设计法》（2000）（Pakistan Registered Designs Ordinance，2000）。

［12］《集成电路布图设计法》（2000）（Integrated Circuits Ordinance，2000）。

［13］高云、刘祖昕、矫健、赵跃龙、李树君：《中国与巴基斯坦农业合作探析》，《世界农业》2015 年第 8 期。

［14］李晓芝、张香云、耿保进：《巴基斯坦农业与巴基斯坦棉花种植业发展现状——赴巴基斯坦考察总结》，《河北农业科学》2011 年第 9 期。

［15］Hasan Irfan Khan，"Pakistan Recent Trends in Patent Enforcement，" *Building and Enforcing Intellectual Property Value*，2008（1）.

［16］Rakesh Basant，"Intellectual Property Rights Regimes：Comparison of Pharma Prices in India and Pakistan，" *Political & Economic Weekly*，Vol. 42，No. 39（Sep. 29-Oct. 5，2007）.

［17］Babar Sattar & Zaineb Fatima. *Pakistan's Intellectual Property Rights Regime：Investigating and Explaining Change*，Dec. 2008，https：//www. efn. net. pk/images/stories/publications/pdf/2008-EFN-IPR. pdf（2017 年 4 月 20 日最后访问）。

［18］Faisal *Daudpota，Understanding the jurisdiction of Pakistan's specialized courts for intellectual property rights enforcement*，https：//papers. ssrn. com/sol3/papers. cfm? abstract_id=2720912（2017 年 4 月 10 日最后访问）。

［19］ *Country Report: Integrated Intellectual Property Management in Pakistan*，http：//www. wipo. int/edocs/mdocs/aspac/en/wipo_ip_han_11/wipo_ip_han_11_ref_26-part2. pdf（2017 年 4 月 21 日最后访问）。

［20］ "Database of Intellectual Property Policies from Universities and Research Institutions，" http：//www. wipo. int/policy/en/university_ip_policies/search. jsp? territory_code = PK（2017 年 5 月 26 日最后访问）。

［21］ "IPO Initiatives for IPRs Enforcement，" http：//ipo. gov. pk/ipo. php? do = MzY1（2017 年 5 月 25 日最后访问）。

［22］ "The Policy Board of IPO Pakistan，" http：//ipo. gov. pk/ipo. php? do = MjI0（2017 年 5 月 25 日最后访问）。

［23］ The National Institute of Folk and Traditional Heritage（Lok Virsa）Ordinance，2002（Ordinance No. LIV of 2002），http：//www. wipo. int/wipolex/en/details. jsp? id = 15879（2017 年 6 月 15 日）。

［24］ "A journey of a thousand miles begins with a single step-Chinese Proverb，" http：//www. aliassociates. com. pk/history. html（2017 年 4 月 26 日最后访问）。

［25］ "Brief History of IPO-Pakistan，" http：//ipo. gov. pk/ipo. php? do = MTc3（2017 年 5 月 25 日最后访问）。

［26］ "Country Report: Integrated Intellectual Property Management in Pakistan，" http：//www. wipo. int/edocs/mdocs/aspac/en/wipo_ip_han_11/wipo_ip_han_11_ref_26-part2. pdf（2017 年 4 月 21 日最后访问）。

［27］ Hamid Maker，"Intellectual Property Rights in Pakistan，" *The Nation Newspaper*（April 20, 2014）.

［27］ Shahid，"Rashid, Inventing the Future，" *SMEDA Publication*，November 2009.

［28］ Shahid Rashid，"*Making A Mark*，" *SMEDA Copyright*（2009）.

［29］ Shahid Rashid，"*Looking A Good*，" *SMEDA Copyright*（2009）.

［30］ "*Agriculture in Pakistan*，" https：//en. wikipedia. org/ wiki/Agriculture_in_Pakistan（2017 年 7 月 31 日最后访问）。

［31］ Shahid Zia. "*SDPI Urges Govt not to Join UPOV*，" *News Network International*（30 April, 1999）.

［32］ Peer Muhammad，"*Plant Breeders Rights Bill*：*Farmers and seed companies to debate bill, give input*，" https：// tribune. com. pk/story/1017797/plant-breeders-rights-bill-farmers- and-seed-companies-to-debate-bill-give-input/（2017 年 7 月 31 日 最后访问）。

［33］ Laurent Gaberel，"*Pakistan's Plant Breeders' Rights Act Adopted by the National Assembly*，" *Public Eye*（January 8, 2017）.

［34］ Peer Muhammad，"Intellectual Property：Plant Breeders Rights Bill Stuck for Past 10 Years，" https：//tribune. com. pk/ story/1125896/intellectual-property-plant-breeders-rights-bill-stuck- past-10-years/（2017 年 7 月 31 日最后访问）。

［35］ M. Shafiq Ur Rehman，"Agricultural Biotechnology

Annual 2016," *Gain Report* (June 2, 2017)

［36］Faisal Daudzota, "Pakistan Understanding Its Law on Plant Variety Rights," https: //papers. ssrn. com/sol3/papers. cfm? abstract_id = 2949755 (2017 年 7 月 31 日最后访问)。

［37］Peer Muhammad, "Senate Body Approves Plant Breeders' Rights Act," https: //tribune. com. pk/story/1023147/senate-body-approves-plant-breeders-rights-act/ (2017 年 7 月 31 日最后访问)。

［38］"*Plant Breeders' Rights Ordinance*, 2000," http: //www. farmersrights. org/pdf/asia/Pakistan/Pakistan-pvpdraft00. pdf (2017 年 8 月 2 日最后访问)。

［39］"*The Plant Breeders' Right Act*, 2016," http: //extwprlegs1. fao. org/docs/pdf/pak164580. pdf (2017 年 8 月 2 日最后访问)。

图书在版编目（CIP）数据

巴基斯坦知识产权制度研究／路娜等著. -- 北京：
社会科学文献出版社，2018.10
ISBN 978-7-5201-3422-4

Ⅰ.①巴…　Ⅱ.①路…　Ⅲ.①知识产权制度-研究-
巴基斯坦　Ⅳ.①D935.334

中国版本图书馆 CIP 数据核字（2018）第 209853 号

## 巴基斯坦知识产权制度研究

著　　者／路　娜　汪　燕　等

出　版　人／谢寿光
项目统筹／仇　扬
责任编辑／王小艳

出　　　版／社会科学文献出版社·当代世界出版分社（010）59367004
　　　　　　地址：北京市北三环中路甲 29 号院华龙大厦　邮编：100029
　　　　　　网址：www.ssap.com.cn
发　　　行／市场营销中心（010）59367081　59367018
印　　　装／三河市尚艺印装有限公司

规　　　格／开　本：880mm×1230mm　1/32
　　　　　　印　张：5.375　字　数：122 千字
版　　　次／2018 年 10 月第 1 版　2018 年 10 月第 1 次印刷
书　　　号／ISBN 978-7-5201-3422-4
定　　　价／58.00 元